D1670726

MIX
Papier aus verantwortungsvollen Quellen
Paper from responsible sources
FSC® C105338

Anne Molitor

Erinnernde Literatur

Die Verarbeitung der nationalsozialistischen
Vergangenheit in der deutschen Nachkriegsliteratur

Diplomica® Verlag GmbH

Molitor, Anne: Erinnernde Literatur - Die Verarbeitung der nationalsozialistischen Vergangenheit in der deutschen Nachkriegsliteratur, Hamburg, Diplomica Verlag GmbH 2012

ISBN: 978-3-8428-7150-2
Druck: Diplomica® Verlag GmbH, Hamburg, 2012

Bibliografische Information der Deutschen Nationalbibliothek:
Die Deutsche Nationalbibliothek verzeichnet diese Publikation in der Deutschen Nationalbibliografie; detaillierte bibliografische Daten sind im Internet über http://dnb.d-nb.de abrufbar.

Die digitale Ausgabe (eBook-Ausgabe) dieses Titels trägt die ISBN 978-3-8428-2150-7 und kann über den Handel oder den Verlag bezogen werden.

Dieses Werk ist urheberrechtlich geschützt. Die dadurch begründeten Rechte, insbesondere die der Übersetzung, des Nachdrucks, des Vortrags, der Entnahme von Abbildungen und Tabellen, der Funksendung, der Mikroverfilmung oder der Vervielfältigung auf anderen Wegen und der Speicherung in Datenverarbeitungsanlagen, bleiben, auch bei nur auszugsweiser Verwertung, vorbehalten. Eine Vervielfältigung dieses Werkes oder von Teilen dieses Werkes ist auch im Einzelfall nur in den Grenzen der gesetzlichen Bestimmungen des Urheberrechtsgesetzes der Bundesrepublik Deutschland in der jeweils geltenden Fassung zulässig. Sie ist grundsätzlich vergütungpflichtig. Zuwiderhandlungen unterliegen den Strafbestimmungen des Urheberrechtes.

Die Wiedergabe von Gebrauchsnamen, Handelsnamen, Warenbezeichnungen usw. in diesem Werk berechtigt auch ohne besondere Kennzeichnung nicht zu der Annahme, dass solche Namen im Sinne der Warenzeichen- und Markenschutz-Gesetzgebung als frei zu betrachten wären und daher von jedermann benutzt werden dürften.

Die Informationen in diesem Werk wurden mit Sorgfalt erarbeitet. Dennoch können Fehler nicht vollständig ausgeschlossen werden, und der Diplomica Verlag, die Autoren oder Übersetzer übernehmen keine juristische Verantwortung oder irgendeine Haftung für evtl. verbliebene fehlerhafte Angaben und deren Folgen.

© Diplomica Verlag GmbH
http://www.diplomica-verlag.de, Hamburg 2012
Printed in Germany

Inhaltsverzeichnis

Ihr, die ihr gesichert lebet
In behaglicher Wohnung;
Ihr, die ihr abends beim Heimkehren
Warme Speise findet und vertraute Gesichter:
    Denket, ob dies ein Mann sei,
    Der schuftet im Schlamm,
    Der Frieden nicht kennt,
    Der kämpft um ein halbes Brot,
    Der stirbt auf ein Ja und ein Nein.
    Denket, ob dies eine Frau sei,
    Die kein Haar mehr hat und keinen Namen,
    Die zum Erinnern keine Kraft mehr hat,
    Leer die Augen und kalt ihr Schoß
    Wie im Winter die Kröte.
    Denket, dass solches gewesen.
Es sollen sein diese Worte in eurem Herzen.
Ihr sollt über sie sinnen, wenn ihr sitzet
In einem Hause, wenn ihr geht auf euren Wegen,
Wenn ihr euch niederlegt und wenn ihr aufsteht;
Ihr sollt sie einschärfen euren Kindern.
    Oder eure Wohnstätte soll zerbrechen,
    Krankheit soll euch niederringen,
    Eure Kinder sollen das Antlitz von euch wenden.[1]

1 Problemstellung

1.1 Problemlage und Zielsetzung

Fast siebzig Jahre nach dem Untergang des Dritten Reiches stehen die Jahre der totalitären Diktatur Hitlers noch immer im Zentrum des zeithistorischen Interesses. Besonders
in den letzten Jahrzehnten ist eine breitenwirksame Form der Auseinandersetzung mit
dem Nationalsozialismus zu erkennen. Indes hat der Historiker das Monopol auf die
Beschäftigung mit der Vergangenheit und ihre Rekonstruktion verloren, denn das Interesse am Thema des Nationalsozialismus intensiviert sich zunehmend in der breiten
Öffentlichkeit. Diese Tendenz wird sowohl durch die hohen Einschaltquoten historischer Dokumentationen über das Dritte Reich als auch durch Kinoerfolge wie etwa *Der
Untergang*, in dem die letzten Tage von Adolf Hitler im Berliner Bunker inszeniert

---

[1] Die vorliegende Buch steht im Zeichen dieser Präambel aus: Levi, Primo: *Ist das ein Mensch?*, Deutscher TaschenBuch Verlag, München 1992, S. 10. Es macht auf die Notwendigkeit aufmerksam, die
Erinnerung an die Opfer des Holocausts auch für die kommenden Generationen aufrechtzuerhalten.
[1] Vgl. Kißener, Michael: *Das Dritte Reich*, Wissenschaftliche Buchgesellschaft, Darmstadt 2005, S .1.

werden, belegt.[2] Die in den 1990er Jahren ausgetragene Debatte um die Errichtung des Holocaust-Mahnmals in Berlin zeigte zudem, dass es in dem gegenwärtigen Erinnerungsdiskurs vor allem um die Art und Weise einer angemessenen Erinnerung an die verschiedenen Opfergruppen geht.[3]

Britta Gries unterscheidet vier Formen des Umgangs mit der nationalsozialistischen Zeit in den über sechzig Nachkriegsjahren: zum einen, die strafrechtliche Verfolgung der nationalsozialistischen Täter sowie die materielle Abfindung der Opfer, die in den Anfängen der jungen Bundesrepublik erfolgten. Desweiteren die um einige Zeit später einsetzende historische Beschäftigung mit den nationalsozialistischen Verbrechen, die allmählich durch die vierte Form, eine kollektive Erinnerungskultur, ergänzt wurde.[4]

Diese in den letzten Jahrzehnten bemerkbare Vervielfältigung der Formen der Erinnerung führt auf dem wissenschaftlichen Gebiet zu einer Verschiebung beziehungsweise zu einer Erweiterung der zuständigen Fachrichtungen. Die Historiographie beschäftigt sich nicht mehr als einzige Disziplin mit dem Thema, unter anderem nimmt sich auch die Literaturwissenschaft der Vergangenheitsrekonstruktion an.[5]

Im Blickfeld des vorliegenden Buches steht der literarische Umgang mit der nationalsozialistischen Vergangenheit Deutschlands. Wie wird in der Literatur erinnert, welche Rolle spielt die Literatur für einen verantwortungsvollen Umgang mit der historisch politischen Vergangenheit, welche Veränderungen machen sich im Laufe der Generationen in Bezug auf die Erinnerung bemerkbar und welche Bedeutung gewinnt die Entwicklung der Erinnerung in Bezug auf die Zukunft der Erinnerungskultur?

Die Absicht, die Entwicklung der Erinnerung zu zeigen, verlangt die Fokussierung auf die Werke verschiedener Autorengenerationen. Mit der Werksauswahl soll der Versuch unternommen werden, einen Querschnitt durch die Werke derjenigen Autoren zu zeigen, deren literarisches Schaffen in der Diskussion um die nationalsozialistische Vergangenheit Deutschlands eine zentrale Rolle spielt. In Anlehnung an eine Studie von

---

[3] Die Debatte drehte sich um die Frage ob die Errichtung eines solchen Mahnmals legitim sei, ob die Errichtung nicht vielmehr Gründen der Gewissensentlastung dient, als einem aufrichtigen Gedenken an die verschiedenen Opfergruppen, vgl. hierzu: Assmann, Aleida; Frevert, Ute, *Geschichtsvergessenheit - Geschichtsversessenheit. Vom Umgang mit deutschen Vergangenheiten nach 1945,* Deutsche Verlags-Anstalt, Stuttgart 1999, S. 273ff.

[4] Vgl. Reichel, Peter: *Vergangenheitsbewältigung in Deutschland. Die politisch-justitielle Auseinandersetzung mit der NS-Diktatur nach 1945,* Lizenzausgabe für die Bundeszentrale für politische Bildung, Bonn 2003, S. 22, zitiert nach: Gries, Britta: *Die Grass-Debatte. Die NS-Vergangenheit in der Wahrnehmung von drei Generationen,* Tectum Verlag, Marburg 2008, S. 13.

[5] Assmann, Aleida: *Der lange Schatten der Vergangenheit. Geschichtspolitik und Erinnerungskultur,* C.H. Beck, München 2006, S. 205f.

Britta Gries[6] wird indes eine Generationenaufteilung vorgenommen, im Lichte derer die verschiedenen Werke untersucht werden. Als erste Generation fungiert die Zeitzeugen-Generation, deren Umgang mit der unmittelbaren politischen Vergangenheit von einem Verdrängungsmechanismus dominiert wurde. Sowohl auf der Opfer- als auch auf der Täterseite wurde in diesen unmittelbaren Nachkriegsjahren ein Konsens des „kommunikativen Beschweigens" getroffen. Es galt in erster Hinsicht, die traumatischen Erlebnisse hinter sich zu lassen und die verbleibende Lebenskraft in den Aufbau einer neuen Zukunft zu investieren. Beide Seiten waren darum bemüht, weder die Schuld der Täter noch die Leiderfahrungen der Opfer in eine öffentliche Debatte einzubeziehen. Im Laufe der Jahre wurde dieses „kommunikative Beschweigen" von einer Reihe Intellektuellen diskutiert und kritisiert. Hannah Arendt interpretierte das kollektive Schweigen von der Täterseite als „totale Komplizität"[7]. Mit Martin Walser und seinem autobiographischen Roman *Ein springender Brunnen* wird eines der meistumstrittenen Werke dieser Zeitzeugen-Generation in das Blickfeld gerückt. Anschließend wird der Fokus auf die Autobiographie der jüdischen Schriftstellerin Ruth Klüger gelenkt, die sowohl Auschwitz wie auch Christianstadt und Theresienstadt überlebt hat und in deren Autobiographie das vielschichtige Verhältnis zu dem Jugendfreund Martin Walser, alias Christoph, aufgrund seiner schwierigen Haltung gegenüber der Holocaust-Thematik unverkennbar zum Ausdruck gebracht wird. Günter Grass' Novelle *Im Krebsgang* liefert ein eindrucksvolles Beispiel eines Familiengedächtnisses[8], indem aufgezeigt wird, wie die Erinnerungen über die verschiedenen Generationen hinweg übermittelt werden (oder eben gerade nicht). Im Anschluss an die Autoren der Zeitzeugen-Generation wird der Blick auf die Achtundsechziger-Generation gerichtet. Durch den Einspruch dieser Generation[9] verlor das Verstummen, das in den unmittelbaren Nachkriegsjahren als einzige Möglichkeit angesehen wurde, nach der Unvergleichlichkeit jener zwölf Jahre nationalsozialistischer Machtausübung weitermachen zu können, im Laufe der Jahre seinen positiven Aspekt endgültig. Besonders von Seiten der Opfer wurde das Verlangen nach einer Aussprache immer deutlicher. Das Gedenken an die Toten sollte aufrechterhalten bleiben, um ihre zweite Ermordung durch das Vergessen zu verhindern. Als Autoren

---

[6] Gries, Britta: *Die Grass-Debatte. Die NS-Vergangenheit in der Wahrnehmung von drei Generationen*, Tectum Verlag, Marburg 2008.
[7] Arendt, Hannah: *Organisierte Schuld*, in: Sternberger, Dolf (Hrsg.): *Die Wandlung*. Eine Monatsschrift 1946-1949, Jahrgang I, Heft 4, S. 333-342, hier: S. 334.
[8] Dieser Begriff wird im Folgenden näher beleuchtet.
[9] Vgl. Assmann, Aleida: *Der lange Schatten der Vergangenheit. Erinnerungskultur und Geschichtspolitik, S. 178.

der Achtundsechziger-Generation sind insbesondere Uwe Timm und Bernhard Schlink zu nennen, die mit ihren Werken *Am Beispiel meines Bruders* und *Der Vorleser* zwei sehr konträre Bücher, in Bezug auf den Umgang mit der deutschen Vergangenheit betrifft, vorlegten. In *Am Beispiel meines Bruders* sucht Timm nach Erklärungen für die Taten seines sechzehn Jahre älteren Bruders, während Schlink in seinem Roman *Der Vorleser* einen kritischen Blick auf den Umgang der eigenen Generation mit der deutschen Vergangenheit unternimmt.

Der Achtundsechziger-Zeitgeist wurde spätestens in den achtziger Jahren durch die sogenannte Enkelgeneration erweitert, die das Bewusstsein um den bevorstehenden Verlust der Zeitzeugen immer mehr in den Mittelpunkt des öffentlichen Diskurses rückt. Es geht im Erinnerungsdiskurs nicht mehr um die Non-Verbalisierung, sondern vielmehr um die Angemessenheit verschiedener Erinnerungsformen. Die Aufhebung des Schweigens macht sich auch in der Literatur bemerkbar. In den siebziger und achtziger Jahren macht eine neue Herangehensweise an das Thema auf sich aufmerksam, die sich unter dem Begriff „Väter-Literatur" zusammenfassen lässt. Die Autoren der zweiten Generation setzen sich literarisch mit den elterlichen Biographien auseinander, indem sie Antworten auf die Fragen an ihre Eltern suchen, die diese nie gegeben haben.[10] Anhand der Darstellung des Umgangs der dritten Generation oder der Enkelgeneration mit der deutschen Vergangenheit wird schlussendlich die Diskussion um die Zukunft der Erinnerung initiiert. Es wird auf die Sozialisierungsbedingungen dieser Generation eingegangen, um anschließend in der Diskussion über die Zukunft der Erinnerung die Chancen, aber auch die Gefahren der dritten Generation für den zukünftigen Erinnerungsdiskurs herauszuarbeiten.

Als Schlüsseldatum für die Frage nach der Veränderung der Erinnerung gilt der 28. November 2010. An diesem Tag löste Dieter Graumann Charlotte Knobloch vom Präsidentenamt des Zentralrates der Juden in Deutschland ab. Damit steht der jüdische Zentralrat vor einem Generationenwechsel: Mit dem sechzigjährigen Dieter Graumann steht erstmals ein Jude an der Spitze des Zentralrates, der den Holocaust persönlich nicht miterlebt hat. Fast siebzig Jahre nach dem Ende des Zweiten Weltkrieges ist ein Wandel in der Erinnerungsgeschichte an den Holocaust deutlich bemerkbar: Die Zeitzeugen

---

[10] Vgl. Assmann, Aleida: *Der lange Schatten der Vergangenheit. Erinnerungskultur und Geschichtspolitik,* S. 101ff.

werden immer weniger und die Frage nach der Zukunft der Erinnerung drängt sich in den Vordergrund:

Wie kann man das Erfahrungsgedächtnis der Zeitzeugen in ein mediengestütztes kulturelles Gedächtnis übersetzen, um zu verhindern, dass die Vergangenheit für die kommenden Generationen in Vergessenheit gerät? Wie soll die Erinnerung an die nationalsozialistische Vergangenheit Deutschlands an die nachfolgenden Generationen weitergegeben werden und welche Rolle kann die Literatur bei dieser Übermittlung spielen?

Martin Walser gilt als einer der einflussreichsten Autoren, in Hinblick auf die Diskussion um den Umgang mit der deutschen Vergangenheit. Ein Blick auf das literarische Gesamtwerk des Autors zeigt, dass der Schriftsteller sich in regelmäßigen Abständen intensiv mit der Vergangenheitsbewältigung seines Landes beschäftigt hat. Dass er im Laufe der Jahre nicht immer eine geradlinige Meinung vertreten hat, wurde ihm von vielen seiner Kritiker vorgeworfen. Besonders die jüngeren Aussagen des Autors teilten die intellektuellen Gemüter Deutschlands und machten sein literarisches Schaffen sowie seine nichtfiktionalen Texte zum Anstoß für hitzige Debatten in Deutschland. Besonders Walsers Friedenspreisrede, die er am 11. Oktober 1998 anlässlich der Verleihung des Friedenspreises des Deutschen Buchhandels in der Paulskirche in Frankfurt hielt, gilt als paradigmatisch für die Debatte um die Art und Weise des angemessenen Gedenkens an die Shoah im Deutschland des 20. und 21. Jahrhunderts. Sie soll in dem vorliegenden Buch als Annäherung an die Grundthematik des Erinnerungsdiskurses fungieren.

Eine literaturwissenschaftliche Analyse der Debatte um die Umgehensweise mit der nationalsozialistischen Vergangenheit der Deutschen berührt zudem die Grundfragen der kulturwissenschaftlichen Gedächtnisforschung.[11] Die Geschichtswissenschaftler sind sich einig, dass die Zeitgeschichte abhängig vom Phänomen des menschlichen Gedächtnisses ist. Der Philosoph Paul Ricoeur hat in Anlehnung an Augustinus und seine *Confessiones* festgestellt, dass im Gedächtnis „die ursprüngliche Verbindung des Bewußtseins zur Vergangenheit" liege.[12]

---

[11] Vgl. Schödel, Kathrin: *Literarisches versus politisches Gedächtnis? Martin Walsers Friedenspreisrede und sein Roman Ein springender Brunnen*, Königshausen & Neumann Verlag, Würzburg 2010, S. 10.
[12] Ricoeur, Paul: *Das Rätsel der Vergangenheit: Erinnern - Vergessen - Verzeihen*, übers. von Andris Breitling und Henrik Richard Lesaar, Wallstein Verlag, Göttingen 2004, S. 75.

Das Gedächtnis spielt in Bezug auf den Holocaust auf zwei verschiedenen Ebenen eine Rolle, zum einen als „Erfahrungsgedächtnis der Überlebenden", zum anderen als „Erinnerungsgebot für die Menschheit"[13]. Wie funktioniert das menschliche Gedächtnis, welche verschiedenen Gedächtnisformen kann man unterscheiden und wie wird in kollektiven, öffentlichen Gedächtnissen retrospektiv auf die Vergangenheit Bezug genommen? Die seit den 1980er Jahren fest etablierte kulturwissenschaftliche Gedächtnisforschung liefert Antworten auf diese Fragen. Als wichtigste Vertreter der Forschung zur kulturellen Erinnerung gelten Jan und Aleida Assmann, die den Begriff des *Kollektiven Gedächtnisses* entscheidend geprägt haben. Die Assmann'schen Theorien schließen an die des Vordenkers Maurice Halbwachs an, der in seinem Werk *La mémoire collective* (1950) die Begriffe *kollektives* und *soziales Gedächtnis* erstmals definiert hat. Jan Assmann unterscheidet in seiner Studie *Das kulturelle Gedächtnis*[14] zwischen zwei ungleichen öffentlichen Gedächtnisformen, zwischen dem *kommunikativen* und dem *kulturellen* Gedächtnis. Unter *kulturellem Gedächtnis* verstehen Jan und Aleida Assmann einen im Gegensatz zum *kollektiven Gedächtnis* unabhängigen, von politischen Interessen unberührten Blick auf die Vergangenheit des Kollektivs.[15]

Martin Walsers Begriff des öffentlichen Gedenkens geht mit dem hier benannten *kollektiven Gedächtnis* eng einher. In diesem Zusammenhang sollen vor allem dessen viel diskutierte *Friedenspreisrede* sowie der autobiographische Roman *Ein springender Brunnen* untersucht werden. Walser setzt sich in beiden Werken für ein kulturelles, authentisches und individuelles Gedenken an diese Zeit ein. Sein Roman wird dem *kulturellen Gedächtnis* an die nationalsozialistische Zeit zugeordnet und daraufhin geprüft.[16]

1.2 Forschungsüberblick

Die Holocaust-Thematik gilt als eine der meistdiskutierten Themen in den Geisteswissenschaften und dementsprechend umfangreich gestaltet sich der Umfang der Liste der Veröffentlichungen zu diesem Thema. An dieser Stelle sollen die für die Themenstellung des vorliegenden Buches einflussreichsten Publikationen eine kurze Erwähnung

---

[13] Assmann, Aleida: *Der lange Schatten der Vergangenheit. Erinnerungskultur und Geschichtspolitik,* S. 48.
[14] Assmann, Jan: *Das kulturelle Gedächtnis. Schrift, Erinnerung und politische Identität in frühen Hochkulturen,* C.H. Beck Verlag, München 1992, S. 54. (Diese Begriffe werden im Kapitel 1.3 genauer erläutert)
[15] Vgl. ebd.
[16] Vgl. ebd.

finden. Für die theoretische Grundlage dieses Buches sind die Untersuchungen der beiden Kulturwissenschaftler Jan Assmann (*Das kulturelle Gedächtnis*) und Aleida Assmann (*Der lange Schatten der Vergangenheit)* richtungsgebend. Sie stützen sich auf die Überlegungen des Vorreiters Maurice Halbwachs, der erstmals in den 1950er Jahre in seinem Werk *La mémoire collective* den Gedächtnis-Begriff maßgeblich geprägt hat.

Die Generationenaufteilung des vorliegenden Buches erfolgt in Anlehnung an die Studie von Britta Gries (*Die Grass-Debatte in der Wahrnehmung von drei Generationen*), die die Debatte um die Mitgliedschaft von Günter Grass in der Flak aus der Perspektive von drei Generationen beleuchtet. Zu den unterschiedlichen Typen von Verhaltensweisen, die jeder dieser drei Generationen eigentümlich ist, ist für die Generation der Zeitzeugen das im Jahr 1967 veröffentlichte Buch von Margarete und Alexander Mitscherlich (*Die Unfähigkeit zu trauern*) nennenswert.

Im Hinblick auf den intergenerationellen Blick auf die Holocaust-Thematik ist des Weiteren der Aufsatz von Heinz Bude („Die Erinnerung der Generationen") zu nennen. Das von Halgruber, Pelinka und Ingruber verfasste Werk (*Fünf Fragen an drei Generationen*) beschäftigt sich mit der Entwicklung des Erinnerungsdiskurses über die Generationen hinweg.

Als weiteres grundlegendes Werk zu der vorliegenden Thematik ist die im Jahr 2006 herausgegebene Studie (*Wende des Erinnern*s? *Geschichtskonstruktionen in der deutschen Literatur nach 1989*) von Barbara Beßlich, Katharina Grätz und Olaf Hildebrand, zu nennen.

1.3 Theoretische Grundlage

Martin Walser plädiert in seiner Friedenspreisrede für das Recht auf eine authentische Erinnerung an eine persönliche Vergangenheit, die nicht rückblickend durch später angeeignetes Wissen und durch Rücksicht auf *political correctness* revidiert werden muss. Dies verleitet unmittelbar zu der Frage, wie das menschliche Gedächtnis und der Vorgang des Erinnerns überhaupt funktionieren. Ist eine Erinnerung, wie Walser sie fordert[17], überhaupt denkbar, fließt im Erinnerungsprozess nicht immer ein Stück unseres heutigen Denkens mit ein?

---

[17] Walsers Erinnerungsbegriff, wie im Kapitel 2.2.4 zu dem Roman *Ein springender Brunnen* deutlich wird ist von sehr ambivalenter Natur, an dieser Stelle wird lediglich Bezug auf den Erinnerungsbegriff in seiner Friedenspreisrede genommen.

Der Hauptgedanke der heutigen Gedächtnisforschung beschäftigt sich mit der Frage nach „der Vergangenheit als einer Konstruktion, die von Menschen nach den Bedürfnissen und Möglichkeiten ihrer aktuellen Gegenwart hervorgebracht wird."[18]

Ein Grund für das zunehmende Interesse an öffentlichen Gedächtnissen, das sich in den letzten Jahren zu einem regelrechten „Gedächtnis-Boom"[19] entwickelt hat, liegt vor allem darin, dass wir uns vor einem Generationenwechsel befinden, nach dem nicht mehr auf das Erfahrungsgedächtnis der Zeitzeugen zurückgegriffen werden kann. Die Gesellschaft steht vor der schwierigen Aufgabe, den Verlust der direkten, mündlichen Überlieferung der Erfahrungen unserer Väter oder Großväter durch andere Modi zu ersetzen, damit die Vergangenheit nicht in Vergessenheit gerät. Perspektiven hinsichtlich dieser Problematik bieten die wissenschaftlich-historische Forschung sowie das mediengestützte kulturelle Gedächtnis.

Der französische Soziologe Maurice Halbwachs, der als Gründungsvater der kulturwissenschaftlichen Gedächtnisforschung gilt[20], legt in seiner Studie den Schwerpunkt auf die „soziale Bedingtheit des Gedächtnisses"[21]. Daher erhält das *kollektive* Gedächtnis auch oft die Konnotation des *sozialen Gedächtnisses*, denn wie später erläutert wird, ist keine Erinnerung ohne die Interaktion im sozialen Umfeld möglich. Eine weitere These der Halbwachs'schen Theorie besagt, dass der Erinnerungsprozess, also die Vergegenwärtigung der Vergangenheit, immer eine Rekonstruktion ist.[22]

Die gewonnene Erkenntnis, nach der das Gedächtnis nicht als eine Festplatte fungiert, auf der vergangene Erlebnisse wie Daten abgespeichert werden und jederzeit abgerufen werden können, gilt als elementar für die heutige Gedächtnisforschung. Die Erinnerung ist nach Halbwachs ein Vorgang einer rationalen Rekonstruktionsarbeit; Erfahrungen werden im Laufe des Lebens immer wieder neu erinnert, wodurch der aktuellere Erinnerungsprozess immer wieder vom früheren beeinflusst wird.

---

[18] Assmann, Aleida: *Der lange Schatten der Vergangenheit. Erinnerungskultur und Geschichtspolitik,* S. 16.
[19] Erll, Astrid: *Kollektives Gedächtnis und Erinnerungskulturen,* Metzler Verlag, Stuttgart/Weimar 2005, S. 3.
[20] Ebd., S. 6.
[21] Assmann, Jan, *Das kulturelle Gedächtnis,* S. 35.
[22] Halbwachs, Maurice, *Das Gedächtnis und seine sozialen Bedingungen,* aus dem Französischen von Lutz Geldsetzer, Luchterhand Verlag, Berlin/Neuwied 1966 (Französische Erstausgabe: *Les cadres sociaux de la mémoire,* Paris 1925), S. 9.

Zudem ist eine unstrukturierte, authentische, eine von gesellschaftlichen Denkmustern freie Erinnerung, wie Walser sie fordert, schon alleine aus dem Grund nicht möglich, weil bereits gegenwärtige Empfindungen, die noch nicht erinnert werden müssen, auf gesellschaftlichen Schemata basieren.[23]

Eine individuelle Erinnerung beruht notwendigerweise auf den *cadres sociaux*, auf den sozialen Bezugsrahmen, unter denen Halbwachs das soziale Umfeld des Menschen versteht.

Kollektives und individuelles Gedächtnis stehen in einer wechselseitigen Beziehung zueinander, denn „das Individuum erinnert sich, indem es den Standpunkt der Gruppe einnimmt, [...] das Gedächtnis der Gruppe sich verwirklicht und [sich] in den individuellen Gedächtnissen offenbart."[24] Andererseits wird das kollektive Gedächtnis durch jedes einzelne individuelle Gedächtnis erst beobachtbar.[25] Demnach ist zwar jede Erinnerung individuell, aber ihre Entstehung basiert auf der Interaktion in der sozialen Gruppe.

In seiner Studie zeigt Halbwachs anhand von verschiedenen Fallbeispielen die unterschiedlichen Formen kollektiver Gedächtnisse. Ein Beispiel eines typischen „intergenerationellen Gedächtnisses" wäre das Familiengedächtnis, das für die anstehende Analyse von besonderer Bedeutung ist.[26] Diese Form des kollektiven Gedächtnisses ist durch den „Austausch lebendiger Erinnerung zwischen Zeitzeugen und Nachkommen"[27] bestimmt.

Das *intergenerationelle kollektive Gedächtnis* umfasst die Zeitspanne, an die sich die ältesten Gruppenmitglieder zurückerinnern können.

Diese zurückerinnerte Zeitspanne trennt Halbwachs allerdings strikt von der Zeitgeschichte. Generationengedächtnis und Zeitgeschichte sind zwei miteinander unvereinbare Formen des Vergangenheitsbezugs. Letztere ist Halbwachs zufolge eine Aneinanderreihung vergangener Ereignisse, die durch eine „unparteiische Gleichordnung" unbetei-

---

[23] Vgl. Schödel, Kathrin: *Literarisches versus politisches Gedächtnis? Martin Walsers Friedenspreisrede und sein Roman Ein springender Brunnen,* S. 25.
[24] Halbwachs, Maurice: *Das Gedächtnis und seine sozialen Bedingungen,* S. 23.
[25] Vgl. ebd., S. 31.
[26] Die vorliegende Buch befasst sich fast ausschließlich mit Werken, in denen es um Familiengedächtnisse geht. Das eindrucksvollste Beispiel der Problematik des Familiengedächtnisses liefert Günter Grass' Roman *Im Krebsgang*.
[27] Erll, Astrid: *Kollektives Gedächtnis und Erinnerungskulturen,* S. 16.

ligt und objektiv gekennzeichnet ist.[28] Der Vergangenheitsbezug des kollektiven Gedächtnisses ist im Vergleich eher subjektiv und hierarchisierend ausgerichtet. Das Interesse der Zeitgeschichte liegt immanent in der Vergangenheit, also auf dem Ereignis selbst, das der kollektiven Gedächtnisse in der Erfüllung der Ansprüche der Gruppe in der Gegenwart.[29] Das Gedächtnis kann demnach nicht als Repräsentation von Vergangenem fungieren:

> Die Erinnerung ist in sehr weitem Maße eine Rekonstruktion der Vergangenheit mit Hilfe von der Gegenwart entliehenen Gegebenheiten und wird im Übrigen durch andere, zu früheren Zeiten unternommenen Rekonstruktionen vorbereitet.[30]

Der Mensch greift auf die *cadres sociaux* zurück, die ihm als Orientierungspfeiler beim Erinnerungsprozess dienen. In erster Hinsicht gelten die Mitmenschen als *cadres sociaux*, denn durch die Kommunikation untereinander, durch die Sprache als soziales Phänomen, gelingt dem Menschen überhaupt erst der Zugang zum eigenen Gedächtnis.[31]

Die *cadres sociaux* werden in räumliche, zeitliche und gesellschaftliche Komponenten unterteilt, von denen die Erinnerungen abhängig sind. Demnach hängt der Prozess des Erinnerns sowohl von der zeitlichen Komponente als auch von der der Gruppenzugehörigkeit ab. Das Individuum verinnerlicht die Haltung einer Gruppe, um sich zu erinnern. Die *cadres sociaux* bestimmen also sowohl das individuelle Gedächtnis wie auch das des Kollektivs. Die Erinnerung kann demzufolge als ein durch die sozialen Rahmenbedingungen organisierter Blick auf die Vergangenheit gesehen werden.

1.3.1 Das *kommunikative* und das *kulturelle* Gedächtnis als Formen des kollektiven Gedächtnisses

Aleida und Jan Assmann führen die Halbwachs'sche Theorie weiter, indem sie das kollektive Gedächtnis in das *kommunikative* und das *kulturelle* Gedächtnis unterteilen.

In seinem Werk *Das kulturelle Gedächtnis* stellt Jan Assmann in Anlehnung an Maurice Halbwachs die These auf, dass die Vergangenheit erst durch die Erinnerung greifbar

---

[28] Die neuere Gedächtnisforschung erkennt, dass es sich bei der Geschichtsschreibung ebenfalls um „kulturelle Artefakte" handelt, dass die Historiker, als soziale Wesen das Objektivitätskriterium nicht erfüllen können, vgl. hierzu Erll, Astrid: *Kollektives Gedächtnis und Erinnerungskulturen*, S. 42.
[29] Erll, Astrid: *Kollektives Gedächtnis und Erinnerungskulturen*, S. 16f.
[30] Halbwachs, Maurice: *Das Gedächtnis und seine sozialen Bedingungen,* S. 55.
[31] Vgl. Erll, Astrid: *Kollektives Gedächtnis und Erinnerungskulturen*, S. 15.

wird, sie also erst durch die Rekonstruktionsarbeit, die im Erinnerungsprozess geleistet wird, entsteht.

Als Urerfahrung des *kulturellen* Gedächtnisses bezeichnet Assmann den Tod, weil dieser einen Bruch zwischen der Vergangenheit und der Gegenwart markiert. Er impliziert die Entscheidung zwischen Verschwinden und Bewahren, und indem das Umfeld des Toten das Andenken an den Verstorbenen bewahrt, verhindert es sein Verschwinden im Kollektiv und transportiert die Erinnerung an dieses Leben in die fortschreitende Gegenwart.

Dieses Gedenken an die Verstorbenen durch die Angehörigen oder Freunde markiert das *kulturelle* Element der Erinnerung des Kollektivs.[32] Das *kulturelle Gedächtnis* trägt eine symbolische Funktion, es umfasst Feste, Mythen, also vielmehr erinnerte Geschichte als faktische Daten. Im *kulturellen Gedächtnis* wird das konkrete Geschehen erinnert und dadurch in Mythen umgewandelt. Folglich wird die Vergangenheit nicht irreal, sondern erhält laut Assmann erst „Wirklichkeit im Sinne einer fortdauernden normativen und formativen Kraft."[33] Die Zeremonialität des *kulturellen Gedächtnisses* dient der Identitätsstiftung in der Gruppe, denn durch die Form des Festes erhält die Erinnerung ihre kollektive Komponente; die Angehörigen einer Gruppe versammeln sich, um sich *gemeinsam* an ein bestimmtes Ereignis der Vergangenheit zu erinnern.

Das *kommunikative Gedächtnis* ist im Gegensatz dazu zeitlich begrenzt. Ein typischer Fall wäre das Generationen-Gedächtnis oder das bereits oben erwähnte Familiengedächtnis. Sie beinhalten Erinnerungen, die sich auf die „rezente Vergangenheit" beziehen, die der Mensch mit seinem sozialen Umfeld teilt. Diese Art Gedächtnis entsteht und vergeht mit seinen Trägern und ändert sich daher, anders als das *kulturelle Gedächtnis*, mit jeder Generation.[34] Im Kontrast zum *kulturellen Gedächtnis* ist das *kommunikative* eher informell geprägt, weniger geformt und entsteht durch die Interaktion im Alltag. Es wird durch Erfahrungen und „Hörensagen" vermittelt und umfasst eine grobe Zeitstruktur zwischen achtzig und hundert Jahren.[35]

Die Partizipationsstrukturen des *kommunikativen* und des *kulturellen Gedächtnisses* sind sehr unterschiedlich ausgeprägt. Unter *Partizipationsstruktur* versteht Assmann die

---

[32] Vgl. Assmann, Jan: *Das kulturelle Gedächtnis*, S. 31ff.
[33] Ebd., S. 52.
[34] Ebd., S. 50.
[35] Vgl. hierzu die Abbildung, ebd., S. 56.

Beteiligung der Gruppe am Gedächtnis. Im Erinnerungsprozess des *kommunikativen Gedächtnisses* gelten alle Mitglieder als gleichermaßen kompetent, hier gibt es keine Spezialisten oder Experten, weil es sich immer um persönliche, individuelle Erinnerungen handelt. Der Spracherwerb gilt als einzige Voraussetzung, um die persönliche Erinnerung der Gesamtheit mitteilen zu können. Beim *kulturellen Gedächtnis* stellt sich die Teilhabe der Gruppe durchaus differenzierter dar. Da sich diese Form der Erinnerungsfähigkeit, abweichend vom *kommunikativen Gedächtnis*, nicht durch „Mundpropaganda" verbreitet, bedarf es gewisser Experten, die die Bewahrung des Gruppengedächtnisses garantieren. Diese Funktion stand ursprünglich den Dichtern zu. Andere Träger sollten diese Bewahrung sichern, wie z. B. Priester, Lehrer, Künstler, Schreiber und Schamanen.[36]

Zusammenfassend lässt sich festhalten, dass die beiden Gedächtnisformen sich in zeitlicher und sozialer Hinsicht unterscheiden. Wird das kulturelle Gedächtnis in zeitlicher Hinsicht durch sporadische zeremonielle Feste verfestigt, so beruht das kommunikative auf dem alltäglichen Austausch. In der sozialen Dimension wird das kulturelle Gedächtnis von fachkundigen Experten, das kommunikative Gedächtnis von der allgemeinen Gruppe vermittelt.

In welcher Beziehung stehen die beiden oben beschriebenen Gedächtnisformen innerhalb des *kollektiven Gedächtnisses* zueinander? Diese Bezugnahme kann von Kultur zu Kultur unterschiedlich sein. In unserer Gesellschaft wäre sie laut Wolfgang Raible am ehesten mit einer Skala gleichzusetzen, auf der die Idealtypen des *kommunikativen* und des *kulturellen Gedächtnisses* die beiden Extrempole bilden, deren tatsächlichen Ausprägungen allerdings fließend ineinander überlaufen können.[37]

Durch welche Faktoren aber wird das menschliche Wissen gesichert? Zum einen geschieht dies durch die Schriftkultur, zum anderen durch das menschliche Gedächtnis. Dabei müssen drei Funktionen erfüllt werden: „Speicherung, Abrufung, Mitteilung" oder „poetische Form, rituelle Inszenierung und kollektive Partizipation".[38] Die poetische Formung von Erinnerung erfüllt den mnemotechnischen Zweck, die Abspeicherung des Wissens die die Haltbarkeit der Erinnerungen sichern soll. Die multimediale

---

[36] Assmann, Jan: *Das kulturelle Gedächtnis,* S. 52f.
[37] Vgl. ebd., S. 55.
[38] Ebd., S. 56.

Inszenierung bettet den sprachlichen Text in „Stimme, Körper, Mimik, Gestik, Tanz, Rhythmus und rituelle Handlung" ein. Die Partizipation am *kulturellen Gedächtnis* schweißt die Gruppe, durch das gemeinsame Gedenken in Form von Riten und Festen, zusammen. Diese Organisationsformen sind es, die den „Sinn der Wirklichkeit" und die Kontinuität der Gruppe garantieren. Da sie konträr zum Alltäglichen stehen, spricht Assmann von einer „kulturellen Zweizeitigkeit", das alltägliche Leben wird ergänzt durch das *kulturelle Gedächtnis.*

Es geht beim Übergang von Zeitzeugenschaft zum medialisierten Gedächtnis darum, dass ein Erinnerungs- oder Gedächtnisinhalt vom individuellen Gedächtnis in das *kommunikative* Familien- oder Generationen-Gedächtnis und dann in das kulturelle Gedächtnis übergeleitet werden soll. Damit sind auch die Autorengenerationen bereits einer Form des Gedächtnisses zugeordnet: Die Zeitzeugen als Träger des individuellen Gedächtnisses, die Achtundsechziger als Träger des kommunikativen Generationen-Gedächtnisses und die Autoren der Enkelgeneration, die allmählich Zeuge von einem Übergang der Erinnerung in das *kulturelle Gedächtnis* werden.

Im nachfolgenden Kapitel wird auf Martin Walsers Friedenspreisrede und die daraus resultierende Debatte eingegangen. Die seiner Polemik zugrunde liegende Problematik kann als Leitfaden des vorliegenden Buches gesehen werden. Zum einen werden die grundlegenden Fragen eines angemessenen Umgangs mit der deutschen Vergangenheit aus der Perspektive der Zeitzeugen-Generation, den direkt Beteiligten, die „[versuchen] der fortschreitenden Historisierung des Holocaust ihre jeweilige Deutung einzuschreiben", aufgerollt. Die in dieser Kontroverse diskutierten Fragen können somit als Ausgangspunkt für die Analyse einer möglichen Entwicklung der Erinnerung über die Generationen hinweg gesehen werden.

Zum anderen wirft die Debatte grundsätzliche Fragen zur Rolle des Schriftstellers und der Literatur auf, wie die Kritik an Walsers *Sonntagsrede* zeigt. Ist die literarische Sprache tatsächlich, wie Walser fordert, eine freie Sprache, die sich nicht auf die Regeln der *political correctness* berufen und alleine den ästhetischen Anforderungen gerecht werden muss? Ist demnach die Aussage von Gerhard Schröder, ein Schriftsteller könne sagen, was „ein deutscher Bundeskanzler nicht sagen darf"[39], haltbar?

2 Die Generation der Zeitzeugen[40]

In den fast siebzig Jahren nach der Befreiung Deutschlands gab es immer wieder öffentliche Kontroversen über den Umgang mit der nationalsozialistischen Vergangenheit der Bundesrepublik. Der Begriff der *Vergangenheitsbewältigung* gewann im Laufe der Jahre zunehmend an Bedeutung. Der Begriff an sich lässt den gemeinsamen Kernpunkt der Debatten erahnen. Es geht überwiegend um die Diskussion über den Umgang mit der Erinnerung an die Verbrechen des nationalsozialistischen Regimes, häufig darum, inwiefern diese der Konstruktion einer nationalen Identität der Deutschen hinderlich sei oder ob die ständige Thematisierung der Vergangenheit in der Verantwortung der Deutschen liege.[41] Die Meinungen divergieren innerhalb der Generationen, wobei eine Tendenz in eine bestimmte Richtung in jeder Altersstufe zu überwiegen scheint.

Vorausgehend wird eine intragenerationelle Einteilung in die Weimarer Generation und in die Flakhelfer-Generation dargelegt,[42] um ein repräsentatives Bild des Umgangs mit der Thematik aus Sicht der Generation der Zeitzeugen zu erstellen. Als Weimarer Generation werden die Jahrgänge 1900–1912 bezeichnet, die durch die vielschichtigen Krisen in der Weimarer Republik entsprechend geprägt wurden. Ein Großteil dieser Generation engagierte sich in Jugendorganisationen und setzte sich für die Beseitigung der sozialen Missstände ein. Viele von ihnen wurden Anhänger der Nationalsozialistischen Partei und besetzten hohe Ämter innerhalb des Regimes. Die Flakhelfer-Generation hingegen, die für die vorliegende Untersuchung am bedeutungsvollsten ist, besteht aus den Jahrgängen 1926 bis 1930 und umfasst die Jugendlichen, die ab 1943 „als Luftwaf-

---

[39] Der Tagesspiegel, 9.11.1998, zitiert nach: Rensmann, Lars, „Enthauptung der Medusa. Zur diskurshistorischen Rekonstruktion der Walser-Debatte im Licht politischer Psychologie", in: Brumlik, Micha; Funke, Hajo; Rensmann, Lars (Hgg.): *Umkämpftes Vergessen. Walser-Debatte, Holocaust-Mahnmal und neuere deutsche Geschichtspolitik*, Verlag Das Arabische Buch, Berlin 1999, S. 29.
[40] Die Unterteilung der Generationen erfolgt nach: Gries, Britta: *Die Grass-Debatte. Die NS-Vergangenheit in der Wahrnehmung von drei Generationen.*
[41] Vgl. Gries, Britta: *Die Grass-Debatte. Die NS-Vergangenheit in der Wahrnehmung von drei Generationen*, S. 12.
[42] Vgl. ebd., S. 17.

fenhelfer zur Luftverteidigung des Deutschen Reiches eingesetzt wurden."[43] In Hinblick auf die Frage nach dem *Grad* der Verantwortung an den Verbrechen ist eine Differenzierung dieser intragenerationellen Unterteilung wichtig, da sich die Vertreter der Weimarer Generation bei der Machtübernahme bereits im Erwachsenenalter befanden, sich also durchaus bewusst waren, welche Ämter sie ausführten, wohingegen die Flakhelfer, durch die Hitler-Jugend sozialisiert (und dementsprechend manipuliert), bereits als Jugendliche „zur Verteidigung des Deutschen Reiches"[44] eingezogen wurden.[45]

Für die Zeitzeugen-Generation markierte der Tag der Befreiung Deutschlands am 8. Mai 1945 einen markanten Bruch, der mit der Umwälzung aller bisher angeeigneten Wertvorstellungen einherging. Die allgemeine Stimmung der Bevölkerung äußerte sich in einer Tabuisierung des Geschehenen. In dieser Abwehrhaltung sieht Mitscherlich[46] eine Schutzreaktion, die es den Deutschen überhaupt möglich machte, nach diversen Traumata, wie der Bombardierung durch die Alliierten oder der Massenvergewaltigungen der Frauen, in die Zukunft zu blicken. In dieser unmittelbaren Nachkriegszeit wurde die Grundlage für die spätere Opferperspektive gelegt, hinter der sich viele Deutsche in den nachfolgenden Jahren versteckten. An dieser Reaktion änderte auch die Maßnahme der alliierten Besatzungstruppen nichts, die nach der Befreiung der Konzentrationslager die Anwohner zwangen, sich die Brutalität der Verbrechen anzusehen, um ein Stellung- und Verantwortungsnahme zu erwirken.[47]

Konrad Adenauer gab in der Regierungserklärung vom 20. September 1949 die allgemein herrschende Stimmung wieder, als er forderte: „[...] Vergangenes vergangen sein zu lassen [...]."[48] Auch die jüngsten Jahrgänge der Kriegsbeteiligten, die Generation der Flakhelfer, zu der auch Martin Walser und Günter Grass gehören, war überwiegend darum bemüht, das Erlebte aus der eigenen Wahrnehmung zu verwerfen. Im Gegensatz zu der nachfolgenden Achtundsechziger-Generation konfrontierten sie die Eltern, die dieses Regime gebilligt hatten, weder mit Fragen noch mit Vorwürfen. Stattdessen zog

---

[43] Bude, Heinz: *Deutsche Karrieren. Lebenskonstruktionen sozialer Aufsteiger aus der Flakhelfer-Generation*, Suhrkamp Verlag, Frankfurt a.M. 1987, S. 24, hier zitiert nach: Gries, Britta: *Die Grass-Debatte. Die NS-Vergangenheit in der Wahrnehmung von drei Generationen*, S. 17.
[44] Gries, Britta: *Die Grass-Debatte. Die NS-Vergangenheit in der Wahrnehmung von drei Generationen*, S. 18.
[45] Die Rede an dieser Stelle ist vom *Grad* der Verantwortung und nicht von der Verantwortung schlechthin.
[46] Vgl. hierzu: Mitscherlich, Margarete; Mitscherlich, Alexander: *Die Unfähigkeit zu trauern. Grundlagen kollektiven Verhaltens,* Piper Verlag, München 2009.
[47] Vgl. Gries, Britta: *Die Grass-Debatte. Die NS-Vergangenheit in der Wahrnehmung von drei Generationen*, S. 21.
[48] Zitiert nach: Gries, Britta: *Die Grass-Debatte. Die NS-Vergangenheit in der Wahrnehmung von drei Generationen*, S. 23f.

man sich aus Gründen der „Entideologisierung und Entpolitisierung"[49] aus der politischen Öffentlichkeit in den Bereich des Privaten zurück.

Aleida Assmann beschreibt fünf psychische Verdrängungsstrategien, die dazu führten, dass die Mehrheit der Deutschen in der Nachkriegszeit eine Auseinandersetzung mit dem eigenen Schuldanteil ausgeblendete: Aufrechnen, Externalisieren, Ausblenden, Schweigen und Umfälschen[50] boten den Deutschen die Möglichkeit, die Vergangenheit aus dem Gedächtnis zu verbannen, um sich auf diese Weise der Zukunft zuwenden zu können.

Diese Vermeidungsreaktion, die unmittelbar nach Kriegsende als natürliche Schutzreaktion die einzige Möglichkeit des Weitermachens dargestellt haben mag, wandelte sich im Laufe der Jahre in eine kollektive Verantwortungslosigkeit gegenüber den sechs Millionen Opfern der NS-Verbrechen und ihren Angehörigen. Als Tendenz beherrschte diese Reaktion das Nachkriegsdeutschland.

Erst durch die Forderungen der Achtundsechziger-Generation gelangte die Erinnerung an das Geschehene allmählich in das Bewusstsein der Deutschen. Die Grundlagen für ein Umdenken wurden jedoch bereits Ende der 1950er Jahre gelegt, als Autoren der Flakhelfer-Generation, darunter auch Martin Walser und Günter Grass, anfingen in ihren Werken die Stimme für eine Thematisierung der Verbrechen unter dem NS-Regime zu erheben.

In diesem Zusammenhang scheint die Friedenspreisrede, die Martin Walser im Jahre 1998 in der Frankfurter Paulskirche hielt und die im Folgenden näher untersucht wird, in einer ersten Annäherung befremdlich.

Wie kann ein Autor, dem aufgrund seines vorherigen literarischen Schaffens[51] ein erheblicher Anteil am Umdenken bezüglich des Umgangs mit der Vergangenheit der eigenen Nation zuerkannt werden kann, einige Jahre später in einer Rede den Rückzug der Erinnerung aus der Öffentlichkeit fordern?

Um die Auffassung des ehemaligen Flakhelfers bezüglich der Erinnerung an die Vergangenheit zu verstehen und einzuordnen, wird in den beiden nachfolgenden Kapiteln sowohl die Debatte um die Friedenspreisrede als auch Walsers sehr umstrittener Roman *Ein springender Brunnen* analysiert.

---

[49] Vgl. ebd., S. 25.
[50] Assmann, Aleida: *Der lange Schatten der Vergangenheit. Erinnerungskultur und Geschichtspolitik*, S. 169.
[51] Walsers Gesamtwerk ist von der Holocaust-Thematik durchzogen.

2.1 Die Walser-Bubis-Debatte

> Was sind das für Zeiten, wo ein Gespräch über Bäume fast
> ein Verbrechen ist, weil es ein Schweigen über so viele
> Untaten einschließt.[52]

In diesem Zitat von Bertolt Brecht kommt die eigentliche Problematik der Walser-Bubis-Debatte zum Ausdruck, die sich im Jahr 1998, im Anschluss an Walsers Rede „Erfahrungen beim Verfassen eine Sonntagsrede" anlässlich der Verleihung des Deutschen Buchhandels, zum *Antisemitismustreit* der Berliner Republik entwickelte und zum medialen wie auch politischen Hauptthema des Jahres 1998 wurde.

Als Hauptmotiv der *Sonntagsrede* gilt der Umgang mit der Erinnerung an das Dritte Reich. Walser unterzieht den öffentlichen Umgang mit Auschwitz einer teilweise berechtigten Kritik. Er kritisiert die „maßgeblichen Intellektuellen"[53] sowie die Medien, die Auschwitz als „Moralkeule" instrumentalisierten und damit eine Selbstversöhnung eines eigentlich „*normalen Volkes* [Hervorhebung im Original]" mit sich und seiner Vergangenheit verhindern würden. In einer ersten Reaktion scheint Walser die Zeitstimmung getroffen zu haben, seine Rede wurde von den 1200 geladenen Gästen in der Frankfurter Paulskirche mit *standing ovations* gewürdigt und auch die angeblich über tausend Leserbriefe an den Autor zeugen von diesem Zuspruch.

Einer der wenigen, der sich nicht erhob, um die Rede des Autors zu würdigen, war Ignatz Bubis, der damalige Vorsitzende des Zentralrates der Juden in Deutschland. Vier Wochen nach der *Sonntagsrede* macht Bubis in seiner Rede anlässlich des Gedenkens an die Reichspogromnacht am 9. November auf die Respektlosigkeit aufmerksam, mit der Walsers Äußerungen den Shoah-Überlebenden und ihren Hinterbliebenen begegnete. Er betonte gleich zu Beginn seiner Rede, dass er nicht als Stellvertreter aller Juden Position beziehe, sondern lediglich seine eigene Meinung kundtue. Schon dadurch grenzte er sich von Walser ab, der die eigene Meinung als die der deutschen Allgemeinheit darstelle. Bubis räumt mit der respektlosen, von vielen seiner Gegner als antisemitisch bezeichneten Idee Walsers auf, die eine strikte Trennung zwischen dem deutschen und dem jüdischen Lager vornimmt. Er bezeichnet Walser in der Rede als „geistigen

---

[52] Brecht, Berthold: „An die Nachgeborenen", in: ders.: *Gesammelte Werke in acht Bänden,* Band 4, Suhrkamp Verlag, Frankfurt am Main 1967, S. 722-725, hier S. 723.
[53] Zitate dieses Abschnittes aus: Walser, Martin, *Die Banalität des Guten,* in: Frankfurter Allgemeine Zeitung, 12. 10. 1998.

Brandstifter"[54], da er von seiner Meinung, Auschwitz würde als Instrumentalisierung für gegenwärtige Zwecke genutzt, nicht ablässt.

2.1.1 Martin Walsers Forderung nach einer autonomen Erinnerungsform

> Unerträgliches muss ich nicht ertragen können. Auch im
> Wegdenken bin ich geübt. An der Disqualifizierung des
> Verdrängens kann ich mich nicht beteiligen.[55]

Martin Walser plädiert in seiner Rede für eine Veränderung im Umgang mit einer in seiner Wahrnehmung nunmehr ritualisierten Erinnerung an die Verbrechen des nationalsozialistischen Regimes. Den Intellektuellen, die das ritualisierte Gedenken unterstützen, unterstellt Walser Heuchelei; diese Art der Erinnerung diene ihnen dazu, das eigene Gewissen zu entlasten, indem sie aufgrund ihrer Solidarität mit den Opfern glaubten, die Täterseite für einen Moment verlassen zu können. Daher sieht er in der Dauerrepräsentation des Holocausts in den Medien eine von diesen ausgehende Instrumentalisierung, ein Druckmittel, um den Deutschen „weh zu tun", sie „zu verletzen"[56], und dadurch erst ein sich von Schuld befreiendes Bewusstsein der Intellektuellen. Der Schriftsteller wehrt sich gegen die ritualisierte, instrumentalisierte Erinnerung an Auschwitz, denn sie sei lediglich von der „Qualität Lippengebet"[57], da eine öffentliche Thematisierung der eigenen Fehlerhaftigkeit nur zur Phrase verkümmern könne. Kollektive, öffentliche Gewissen würden die Gefahr bergen, symbolisch benutzt zu werden, „und nichts ist dem Gewissen fremder als Symbolik."[58]

Walser hält es für illusorisch, mithilfe eines ritualisierten Gedenkens die Täterseite zu verlassen; „er [hat] es nie für möglich gehalten, die Seite der Beschuldigten zu verlassen."[59] Diese Erkenntnis zehrt schwer an dem Schriftsteller und das, obwohl ihn, wie er im *SPIEGEL*-Gespräch mit Rudolf Augstein erklärt, „tätermäßig" eigentlich keine

---

[54] Bubis, Ignatz, 09.11.1998: „Gedenkrede zur Reichspogromnacht 9. November 1938",
<http://www.kaleidos.de/alltag/meinung/mahn05b.htm> (13.06.2011)
[55] Walser, Martin: „Erfahrungen beim Verfassen einer Sonntagsrede", in: Schirrmacher, Frank (Hg.), *Die Walser-Bubis-Debatte*, Suhrkamp Verlag, Frankfurt am Main 1999, S. 8-17, hier S. 8.
[56] Walser, Martin, „Erfahrungen beim Verfassen einer Sonntagrede", S. 11.
[57] Ebd. S. 13.
[58] Ebd. S. 14.
[59] Walser, Martin: „Erfahrungen beim Verfassen einer Sonntagsrede", S. 11.

Schuld treffe.[60] Seine Kontrahenten sehen in der Walser'schen Rede einen Versuch, die schwere Last des Gewissens, ein Deutscher zu sein, schnellstmöglich loszuwerden. Dieser nicht zu erfüllende Wunsch, mit der eigenen nationalen Vergangenheit abzuschließen, verleitet Walser dazu, in seinem autobiographischen Roman die eigene Vergangenheit mit Scheuklappen zu schildern.

Der Autor fühlt sich von der „Dauerrepräsentation [der deutschen] Schande in eine Ecke gedrängt", eine Empfindung, die Hajo Funke zufolge „eine offensichtlich paranoide Verzerrung der Realität" ist. Walser kritisiere, so Funke, die angebliche Instrumentalisierung durch die Medien und mobilisiere „Volkes Stimme" gegen die Medien, die die Erinnerung an Auschwitz zu gegenwärtigen Zwecken benutze – „und instrumentalisier[e] damit selbst den Instrumentalisierungsvorwurf zum Zwecke der Entlastung von der Geschichte und zum Angriff auf die, die in Auschwitz gedenken oder auf Grund ihrer Lebensgeschichte dazu gezwungen werden, an das Grauen zu erinnern."[61]

Die anfänglichen Reaktionen auf die Rede Walsers waren, wie erwähnt, durchaus positiv. Walser hatte mit der Last der Schuld ein Tabuthema aufgegriffen, über das sich zuvor niemand zu äußern gewagt hatte. Der entscheidende Punkt in der Debatte ist die Auffassung, ob Walser die *Art und Weise* der Erinnerung kritisiert oder vielmehr die Tatsache, *dass* überhaupt an den Holocaust erinnert wird. Seine Gegner sehen die Rede als Aufforderung, die öffentliche Beschäftigung mit den begangenen Verbrechen in der nationalsozialistischen Zeit zu beenden, dadurch die Opferperspektive zu missachten und die Eingravierung der Erinnerung an die NS-Verbrechen im kulturellen Gedächtnis zu verhindern.[62]

Entgegen dieser Kritik an einer angeblichen Abkehr Walsers von jeglicher Erinnerung an die NS-Vergangenheit lässt sich, mit Rekurs auf die Gedächtnistheorie, eine differenzierte Position Walsers gegenüber Fragen von Gedenken und Vergessen konstruieren. Martin Walser setzt sich für ein Deutschland ein, das über ein halbes Jahrzehnt nach den Verbrechen von Auschwitz wieder das Recht auf eine Normalität haben sollte, eine Normalität, die allerdings nur durch *tabula rasa*, durch die Verbannung der dunklen Erinnerungen aus dem Kollektiv, einkehren könne. Dabei fordert der Autor aller-

---

[60] Vgl. *Der Spiegel*, 2.11.1998, zitiert nach: Funke, Hajo, „Friedensrede als Brandstiftung", in: Brumlik, Micha; Funke, Hajo; Rensmann, Lars (Hgg.): *Umkämpftes Vergessen. Walser-Debatte, Holocaust-Mahnmal und neuere deutsche Geschichtspolitik*, Verlag Das Arabische Buch, Berlin 1999, S. 13-28, hier S. 15.
[61] Funke, Hajo, „Friedensrede als Brandstiftung", S. 17.
[62] Vgl. ebd., S. 13.

dings kein kategorisches Vergessen, sondern den Übergang vom kollektiven in das individuelle Gedächtnis, da jeder Bürger „das Recht habe, für sich selbst zu entscheiden, in welchem Maß er Mitschuld an Auschwitz trägt."[63] Die Ablehnung eines repräsentativen Gedenkens teilt Martin Walser mit Hannah Arendt, welche ebenso die Schwierigkeit einer Erinnerung im Kollektiv hervorhob, da diese eine Verminderung der individuellen Schuld durch die Kollektivschuld provozieren könne.[64]

Die Vorwürfe gegen Walser erscheinen in erster Hinsicht erstaunlich, da sie das Walser'sche Lebenswerk ausklammern; der Autor hat sich immerhin wie kein anderer mit der nicht bewältigbaren Vergangenheit seines Landes auseinandergesetzt. Immer wieder beschäftigte ihn die Auschwitz-Thematik und er machte damit auf die Mitverantwortlichkeit aller Deutschen an dem Vernichtungsapparat des nationalsozialistischen Regimes aufmerksam. Frank Schirrmacher sieht in den teils heftigen Reaktionen auf die Friedenspreisrede „eine Kränkung der moralischen Selbstgewissheit."[65] Walser weise mit seiner Rede auf die moralische Leere des ritualisierten Schuldbewusstseins der Deutschen im Nachkriegsdeutschland hin, eine heuchlerische Reue, die den Deutschen in der ganzen Welt Anerkennung verschafft habe und somit mehr zur Gewissensentlastung beitrage als zu einem verantwortungsvollen Umgang mit der Vergangenheit der eigenen Nation.[66]

Dennoch können verschiedene problematische Aussagen in der Friedenspreisrede, insbesondere in Bezug auf die Opfer, deren Perspektive Walser gänzlich ausspart, nicht unbeachtet bleiben. Äußerungen, in denen er sich explizit für eine Verdrängung der Vergangenheit ausspricht, zeugen von Respektlosigkeit gegenüber den zahlreichen Opfern und ihren Angehörigen, die ihre Traumata nicht ausradieren können und gezwungen sind, sich tagtäglich mit dem Erlebten auseinanderzusetzen. Besonders problematisch ist in den Augen der Walser'schen Kontrahenten das mangelnde Schuldempfinden des Autors, wie etwa Walsers Wehmut, die Seite der „Beschuldigten" nie verlassen zu können, deutlich macht. Durch den Ausdruck die „*Be*-schuldigten" relativiere Walser

---

[63] Vgl. Wiegel, Gerd: „Martin Walser und die Erinnerung", in: ders.: *Geistige Brandstiftung? Die Walser-Bubis-Debatte*, Papyrossa Verlag, Köln 1999, S.198-218, hier S. 216.
[64] Vgl. Lorenz, Matthias N.: „'Familienkonflikt' oder 'Antisemitismusstreit'? Zur Walser-Bubis-Debatte", in: Parkes, Stuart, Wefelmeyer, Fritz (Hgg.): German Monitor, *SeelenBuch an Deutschland. Martin Walser in Perspective*, Rodopi Verlag, Amsterdam/New York 2004, S. 363-388, hier S. 365.
[65] Schirrmacher, Frank: „Sein Anteil", in: ders.: *Die Walser-Bubis-Debatte*, Suhrkamp Verlag, Frankfurt am Main 1999, S. 17-29, hier S. 24.
[66] Vgl. ebd.

die Schuldfrage, denn auch Unschuldige können *be*schuldigt werden.[67] Diese wie viele andere Äußerungen lassen die Vermutung aufkommen, dem Autor gehe es in der Diskussion nicht um die Forderung nach einer angemessenen Erinnerungsform an den Holocaust, sondern ausschließlich darum, die Thematisierung zu unterbinden, um eine Konfrontation mit den Kriegsgräueln zu vermeiden und somit das eigene Gewissen zu entlasten.

An anderer Stelle wiederum betont Martin Walser, dass der Holocaust eine öffentliche Sache sei und damit auch in die Medien gehöre. Da er jedoch in der Presse zum „Lippengebet" verkommen sei, müsse man nach einer Möglichkeit suchen, wie er „für die Nachgeborenen zum Gegenstand einer Gewissensforschung werden könne."[68]
Demnach scheint es Martin Walser sehr wohl um die Suche nach einer angemesseneren Erinnerungsform zu gehen, als sie im aktuellen Erinnerungsdiskurs durchgeführt wird.

Alles in allem beteuert Martin Walser im Laufe der Debatte immer wieder missverstanden worden zu sein. Als Ursprung dieser angeblichen Missverständnisse kann die unterschiedliche Auffassung der literarischen Sprache gelten. Walsers Anhänger, auch Ex-Bundeskanzler Gerhard Schröder[69], lehnen die Antisemitismus-Vorwürfe an den Autor Walser vehement mit der Begründung ab, die Position des Schriftstellers an sich dürfe man nicht mit der eines Politikers gleichsetzen; die literarische Sprache wäre eine andere als die politische.[70]

2.1.2 Ignatz Bubis' Gedenkrede zur Reichspogromnacht als kritische Replik auf Walsers Postulat

Schockiert reagierte Ignatz Bubis auf die Respektlosigkeit und das fehlende Einfühlungsvermögen, mit der die Walser'sche Rede den Millionen Opfern des nationalsozialistischen Regimes begegnete. Walser wehrt sich in Bubis' Augen vehement gegen ein Verständnis für die Sichtweise der Opfer, deren öffentliches Leiden für Walser aus-

---

[67] Schirrmacher, Frank: „Sein Anteil", S. 39.
[68] Walser, Martin: „Wovon zeugt die Schande, wenn nicht von Verbrechen. Das Gewissen ist die innere Einsamkeit mit sich: Ein Zwischenruf", in: *Frankfurter Allgemeine Zeitung*, 28.11.1998, S. 35.
[69] Vgl. hierzu die Aussage Schröders: „Ein Schriftsteller kann sagen, was ein deutscher Bundeskanzler nicht sagen darf", in: Rensmann, Lars: „Enthauptung der Medusa". Zur diskurshistorischen Rekonstruktion der Walser-Debatte im Licht politischer Psychologie", S. 29.
[70] Dieser Aspekt wird in Kapitel 2.1.3 näher beleuchtet.

schließlich als „Moralkeule" gegen sich und die gesamte deutsche Nation verwendet werde. Der Eindruck, dass Martin Walser, als moralische Instanz in Deutschland, einen öffentlichen Anlass benutze, um seine persönliche Empfindung kundzutun, dadurch das Volk auffordere seine Meinung zu teilen und sich für ein freies Gewissen in Deutschland einzusetzen, veranlasst Bubis dazu, Walser als „geistigen Brandstifter" zu bezeichnen. Auch die jüdische Schriftstellerin Ruth Klüger, mit der der umstrittene Autor eine jahrelange freundschaftliche Verbindung führte, kritisiert dessen verengten Denkhorizont in ihrer Autobiographie. Die Gegner Walsers werfen dem Autor vor, nicht den Menschen Bubis zu sehen, sondern lediglich einen „Funktionär der Erinnerung", eine unbequeme Instanz, die alleine durch ihre jüdische Abstammung den Autor in seinem Seelenfrieden störe. Auch Bubis erkennt diese Problematik:

> ,Ich kann ihm seinen Seelenfrieden nicht wiedergeben. [...] Es stört ihn, dass es mich gibt, nicht weil er mich tot haben will, nein, aber es stört ihn, wenn er mich sieht [...]. Jeder sucht nur die eigene seelische Entlastung. Man erwartet von mir, die Ängste zu nehmen, die die Kinder und Enkel der Tätergeneration in sich tragen.'[71]

Besonders deutlich kommt diese Haltung des Schriftstellers Anfang der Neunziger Jahre zum Ausdruck, als ein von Rechtsextremisten verübter Anschlag auf Asylantenheime in einem Fernsehbericht mit den Worten „Würstchenbuden vor brennenden Asylantenheimen" betitelt wird. Als im Bericht der entsetzte Gesichtsausdruck von Ignatz Bubis über den Fernsehschirm flimmerte, war nicht die rechtsradikale Straftat an sich für Walser schockierend, sondern die von den Medien gewollt erzwungene Erinnerung an Auschwitz, die durch das bloße Einblenden eines Juden in den deutschen Köpfen hervorgerufen würde.[72]

In welchem Ausmaß Walser die Solidarität mit der Opferposition fehlt, zeigt sich auch in einem Streitgespräch mit Bubis, in dem er ihm vorhält, dass er sich bereits mit dem Holocaust auseinandergesetzt hätte, als sein Gegenüber sich noch mit ganz anderen Dingen beschäftigte. Walsers Betonung, er habe sich viel früher mit der Thematik beschäftigt, ist insofern anmaßend, als dass Bubis als Achtjähriger für ein ganzes Jahrzehnt in verschiedene deutsche Lager verschleppt wurde, während Martin Walser eine relativ unbeschwerte Kindheit in einem idyllischen Dorf am Bodensee verbrachte.

---

[71] Interview von Ludger Bölt mit Ignatz Bubis im Januer 1999, zitiert nach: Funke, Hajo: „Walsers später Triumph", in: Brumlik, Micha; Funke, Hajo; Rensmann, Lars (Hgg.): *Umkämpftes Vergessen. Walser-Debatte, Holocaust-Mahnmal und neuere deutsche Geschichtspolitik*, Verlag Das Arabische Buch, Berlin 1999, S. 178f.
[72] Vgl. Funke, Hajo: „Friedensrede als Brandstiftung", S. 14.

Auch Bubis Antwort, er hätte nicht weiterleben können, wenn er sich früher mit der Thematik auseinandergesetzt hätte[73], entlockt dem Autor kein Gefühl der Solidarität mit dem Kontrahenten.[74]

Für dieses Verhalten hat Theodor W. Adorno den Ausdruck des „sekundäre[n] Antisemitismus" geprägt. Er richtet sich gegen Juden, weil diese, alleine durch ihre Existenz, immanent die Erinnerung an das dunkelste Kapitel der deutschen Geschichte evozieren und damit die Selbstversöhnung der Deutschen mit ihrer Nation erheblich stören. Die Debatte hatte sich im Laufe der Wochen durch immer heftigere Aussagen aus beiden Lagern so zugespitzt, dass Lars Rensmann von einem ersten „Antisemitismusstreit der Berliner Republik" sprach.[75]

Die Brisanz des Streitgesprächs für den Umgang mit der Vergangenheit des eigenen Landes lag vor allem auch in dem Verhalten der Öffentlichkeit unmittelbar nach Walsers Friedenspreisrede. In den vier Wochen, die zwischen der Rede und der Reaktion von Ignatz Bubis lagen, ertönte keine negative Resonanz aus der Öffentlichkeit. Im Gegenteil, Walser schien mit der Offenbarung seiner persönlichen Empfindung den Zeitgeist der Deutschen getroffen zu haben. Diese Reaktion empfand Ignatz Bubis als besondere Demütigung. Seine jahrelangen Bemühungen, im Nachkriegsdeutschland ein gewisses Maß an Verständnis für die Opferposition zu schaffen, schienen auf unfruchtbaren Boden gefallen zu sein. In einem von der *Frankfurter Allgemeinen Zeitung* organisierten Versöhnungsgespräch, welches das Ende der Debatte markieren sollte, nahm Bubis zwar den Vorwurf der „geistigen Brandstiftung" zurück, allerdings geschah dies vielmehr aus Gründen der Resignation als aus ehrlicher Reue. Die Nachwirkungen dieser Debatte waren für Ignatz Bubis nur schwerlich zu verkraften, zu groß war die Enttäuschung, in einem Deutschland zu leben, in dem sich seit 1945 nicht viel geändert zu haben schien.

---

[73] Schirrmacher, Frank: „Ein Gespräch", in: Frankfurter Allgemeine Zeitung, 14. 12. 1998.
[74] In einem SPIEGEL-Interview vom 16. 3. 2007 bereut Walser sein damaliges Verhalten, besonders diese Aussage. Er sei zu dem Zeitpunkt einfach zu verhärmt gewesen, bekennt er im Interview.
[75] Vgl. Funke, Hajo: „Friedensrede als Brandstiftung", S. 25.

2.1.3 Das Problem literarischer Sprache in einem politisch konnotierten Werk

> Ich glaube, jeder, der einer Rede zuhört, versteht sie auf seine Weise. Ich
> will ihn nicht dazu überreden, die Rede so zu verstehen, wie ich sie meine.
> Das ist die Freiheit zwischen Menschen, die die Sprache nicht dazu benut-
> zen, einander Rezepte zuzurufen. [...] Jede Art von Verständnis ist ein Bei-
> trag zum Ganzen. Der Politiker spricht um einer bestimmten Wirkung wil-
> len. Muss sich der Schriftsteller diesem Sprachgebrauch fügen?[76]

Diese Stellungnahme Walsers, die sich explizit auf seine Friedenspreisrede bezieht und zudem allgemeingültig auf seine Literatursprache zu beziehen ist, wirft die Frage nach der Interpretationsfreiheit politischer und historischer Aussagen durch Literaten auf. Die Debatte um die Friedenspreisrede rückt, neben der Frage nach einer angemessenen Er-innerungsform, vor allem die Frage nach der Position des Schriftstellers und der Litera-tur in der Gesellschaft in den Mittelpunkt. Einige von Martin Walsers Gegnern gingen soweit zu behaupten, die Aussagen des Autors lägen nicht weit von einer Leugnung des Holocausts entfernt, obwohl der Schriftsteller ausdrücklich betonte, dass „kein ernstzu-nehmender Mensch an der Grauenhaftigkeit von Auschwitz herumdeutelt."[77] Trotz der Tatsache, dass verschiedene Aussagen seiner Rede eine kritische Auseinandersetzung verlangen, ist eine Unterstellung dieses Ausmaßes nicht haltbar. Wie kommen solche Missverständnisse zustande?

Eine Ursache stellt sicherlich die undifferenzierte Gleichsetzung von literarischer und politischer Sprache dar. Kathrin Schödel sieht in den beiden möglichen Deutungsmög-lichkeiten der Rede eine der Ursachen der Walser-Bubis-Debatte: einerseits die literari-sche Leseart, die sich auf die Komplexität der Rede bezieht und demnach unterschiedli-che Interpretationsmöglichkeiten zulässt, wie es ein literarischer Text naturgemäß for-dert, andererseits die politische Leseart, die *political correctness*, einen moralisch ver-antwortungsvollen Umgang mit Begriffen und der Geschichte verlangt. Die Entschei-dung für die literarische Leseart, die Walser für seinen Text einfordert, ist insofern eine Herausforderung, als dass die Rede trotz komplexer Struktur durchaus deutliche politi-sche Positionen bezieht, die mit der Literarizität des Textes in Konflikt stehen.[78]

Im selben Licht steht die Frage nach der Position des Schriftstellers. Im Laufe der De-batte weist Martin Walser den Vorwurf des „geistige[n] Brandstifters" immer wieder zurück, er habe lediglich als Mensch, als Einzelperson, sein eigenes Empfinden ausdrü-

---

[76] Walser, Martin: „Über das Selbstgespräch. Ein flagranter Versuch", in: Die Zeit, 13.1.2000.
[77] Walser, Martin: „Erfahrungen beim Verfassen einer Sonntagsrede", S. 11.
[78] Vgl. Schödel Kathrin: *Literarisches versus politisches Gedächtnis? Martin Walsers Friedenspreisrede und sein Roman Ein springender Brunnen*, S. 63f.

cken wollen, ohne der breiten Öffentlichkeit seine Meinung aufzuzwingen. Damit wehrt er sich gegen ein Bild vom Schriftsteller als moralische Instanz. Er bezeichnet die Intellektuellen, die die Literarizität seiner Texte verkennen und sie lediglich auf die politische Korrektheit reduzieren, als „Meinungssoldaten, [die] mit vorgehaltener Moralpistole [..] den Schriftsteller in den Meinungsdienst nötigen."[79] Ein Autor könne in der Öffentlichkeit nicht für Themen verantwortlich gemacht werden, die über seine eigenen Erfahrungen hinausreichen, kritisiert Walser das heutige Bild des Schriftstellers in der Gesellschaft, „zuständig ist er [der Autor] nur für sich selbst."[80] Diese Auffassung führt zur Frage, worin der Sinn der Literatur überhaupt liegt, aus welchem Grund der Autor seinen Selbstausdruck überhaupt veröffentlicht. Martin Walser sieht den Sinn in einer möglichen Identifizierung des Lesers mit dem Erzählten als einer weniger belehrenden als bildenden Instanz:

> Ich hoffe, wenn es gelingt, Wichtiges in einer unwillkürlichen Sprache zu sagen, könne der Zuhörer eine Art Freiheit erleben. [...] Er muss, ja, er kann von mir nichts positiv übernehmen, er muss mir schon gar nichts glauben, aber er könnte, wenn er Zeuge meines unwillkürlichen Sprachgebrauchs wird, teilnehmen am Risiko eines nicht immer schon abgesicherten Sprachgebrauchs. Er könnte sich durch die Unsicherheit oder gar Ängstlichkeit oder durch die Stimmungsabhängigkeit des Sprachgebrauchs erinnert fühlen an seine eigene Schwierigkeit, für so etwas Wichtiges eine Sprache zu finden.[81]

Die „Unwillkürlichkeit der Sprache" fungiert als Schlüssel für die oben erwähnte Freiheit, die dem Leser durch die Schilderung von unreflektierten Empfindungen, von Gemütszuständen, einen Denkanstoß für die eigene Suche nach der Wahrheit geben soll, anstatt dem Leser willkürliche, strikt durchdachte, gesellschaftlich vorgeschriebene Auffassungen zu indoktrinieren.[82] Walser wehrt sich gegen eine nichtliterarische Leseart seiner Texte, da diese eine instrumentalisierte Sprache voraussetze, die dem Leser „etwas verkaufen will"[83]. Walser weist die Unterstellung zurück, mit seiner Sprache „Meinungen" verkaufen wollen, er möchte sein Schreiben als etwas Ungesteuertes, „Unwillkürliches" verstanden wissen.[84] Das literarische Schaffen kann damit als „au-

---

[79] Walser, Martin: „Erfahrungen beim Verfassen einer Sonntagsrede", S. 15.
[80] Ebd., S. 14.
[81] Ebd., S. 14f.
[82] Vgl. Schödel Kathrin: *Literarisches versus politisches Gedächtnis? Martin Walsers Friedenspreisrede und sein Roman Ein springender Brunnen*, S .71.
[83] Walser, Martin: *Ich vertraue. Querfeldein. Reden und Aufsätze*, Suhrkamp Verlag, Frankfurt a .M. 2000, S. 42.
[84] Ebd.

thentischer Selbst-Ausdruck"[85] des Autors verstanden werden, der vom Autor nicht in eine explizite Richtung gelenkt wird. Damit grenzt Walser die von ihm verwendete Sprache von der der Politik ab; sein Ziel besteht nicht darin, durch die Wahl bestimmter Themen eine kalkulierte Wirkung beim Leser zu erzielen. Ganz im Gegenteil, sein Schreiben sieht er als vollkommen frei von der Intention, bei der Leserschaft bestimmte Reaktionen hervorrufen zu wollen. Sein Schreiben kann bildhaft als Quelle gesehen werden, die aus dem Autor hervorsprudelt wie *ein springender Brunne*n.

Ein literarisches Werk kann demzufolge also nie eine ausschließlich politische Leseart erfordern, denn die politische als nichtliterarische Sprache hat nie den Anspruch auf „Unwillkürlichkeit". Die Interpretation einer politischen Stellungnahme seitens des Autors in einem Text ist alleine schon aus dem Grund nicht möglich, weil die „Komplexität literarischer Werke [...] nicht auf eindeutige Aussagen reduziert werden kann."[86] Einerseits kann man die Verwerfung der politischen Leseart als von Walser verwendeter Schutzschild sehen, hinter dem er seine politischen Ansichten kundtut und dem Leser seine Schuldlosigkeit demonstrativ vorführen kann. Andererseits vermittelt sie dem Leser einen ehrlichen Ausdruck existentieller Erfahrung des Autors, die dem Leser womöglich einen authentischeren Einblick in die Vergangenheit gewährt.[87]

Aleida Assmann sieht den Ursprung der Debatte um die Friedenspreisrede eher in Walsers Missachtung der Normen des Kontextes einer Sonntagsrede. Denn jeder Gattung sind Konnotationen zu eigen, die die Erwartungen des Lesers an den Text formen. Während das Genre der Dokumentation historisch beglaubigte Darstellungen erfordert, stehen dem Autor eines Fiktionswerkes deutlich mehr Freiheiten zu. Ähnliche Normen gibt es ebenso für institutionelle Kontexte, eine zeremonielle *Sonntagsrede* erfordert konservative Gedankengänge und keine Tabubrüche, wie sie Walser unternommen hat. Durch die Missachtung der Normen verschiedener Gattungen und Kontexte hat Walser bei seinem Publikum für eine große Verwirrung gesorgt.[88]

---

[85] Walser, Martin: *Ich vertraue. Querfeldein. Reden und Aufsätze,* Suhrkamp Verlag, Frankfurt a .M. 2000, S. 42.
[86] Vgl. Mahlmann-Bauer, Barbara: 09.06.1999, „Kindheit zwischen Opfern und Tätern - Über Autobiographien der Jahrgänge 1927/28 und Martin Walsers Roman *Ein springender Brunnen*",
<http://www.literaturkritik.de/public/rezension.php?rez_id=215> (Stand 02.06.2011)
[87] Dieser Aspekt wird in der Analyse seines autobiographischen Romans *Ein springender Brunnen* im Kapitel 2.2 näher betrachtet.
[88] Vgl. Assmann, Aleida: *Der lange Schatten der Vergangenheit. Erinnerungskultur und Geschichtspolitik,* S. 163.

Abschließend ist festzuhalten, dass eine auf die politische Komponente reduzierte Leseart einen Sprachgebrauch unterstellt, der einem autonomen ästhetischen Schaffen und Wahrnehmen widersprechen würde. Die Literatur verlöre also ihren Wert, wenn der literarische Text ausschließlich als Komponente eines politisierten nationalen Gedächtnisses fungieren würde. Denn, so kommt paradigmatisch in Walsers Beharren auf literarischer Sprache und Lesart zum Vorschein, dass nur durch deren Autonomie die literarische Ausdrucksform die Selbstverantwortung von Lesern fördern könne. Nur in dieser Selbstverantwortung sei ein ethischer Umgang mit der NS-Vergangenheit möglich. Indem Walser die Ausprägung eines *kulturellen Gedächtnisses* des Holocaust als eine Beeinträchtigung von individueller Autonomie begreift, sieht er die Gedächtniskultur auch als antithetische Gegenkraft einer ethischen Vergangenheitsbewältigung.[89]

Dennoch können literarische Texte über die nationalsozialistische Vergangenheit nicht *per definitionem* unabhängig von politischen Zielen sein. Aleida Assmann zufolge können einseitige Geschichtskonstruktionen durch ästhetische Texte kritisch beleuchtet und eventuell auch verworfen werden, gleichzeitig kann durch einen literarischen Text dem Leser das Bild einer zum politischen Zweck dienenden Vergangenheit vermittelt werden. Besonders die Literatur, die als Schullektüre dient, hat, wie weiter unten bei der Analyse von Bernhard Schlinks Roman *Der Vorleser* deutlich wird, einen gravierenderen Einfluss auf die Geschichtsbilder der nachfolgenden Generationen, als es beispielsweise dokumentarische Ausstellungen haben können.[90]

Trotzdem bieten auch die verschiedenen Institutionalisierungsformen, wie Museen, Gedenkstätten und Gedächtnistage, die Walser so heftig kritisiert, dem kulturellen Gedächtnis seine Grundlage und sind so Garant für „generationenübergreifende Langfristigkeit",[91] ohne notwendigerweise zu einem Verlust autonom-ethischer Positionen zu führen. Nach Aleida Assmann sind die Inhalte der Massenmedien von äußerst kurzlebiger Natur, nichtsdestoweniger fungieren sie als notwendige Anreizpunkte für wichtige Diskussionen. Demnach aktivieren die Massenmedien das *kulturelle Gedächtnis*; damit sich dieses jedoch verfestigt, müssen auf massenmediale Anreize Debatten folgen.

---

[89] Darauf dass Walsers Widerspruch zwischen individuell-ethischem und kulturellem Gedächtnis zu absolut formuliert ist und auch kulturelles Gedächtnis einem ethischen Umgang mit der Vergangenheit nicht widersprechen muss, haben Wilfried van der Will und Aleida Assmann mehrfach hingewiesen, wie im Folgenden noch ausführlich dargestellt wird. Vgl dazu: S. 29.
[90] Vgl. Assmann, Aleida: *Der lange Schatten der Vergangenheit*, S. 208f.
[91] Vgl. ebd., S. 239f.

Konkret bedeutet dies, dass eben jene Thematik über einen gewissen Zeitraum in der breiten Öffentlichkeit diskutiert werden muss.[92]

Diese Befestigung des *kulturellen Gedächtnisses* ist nach van der Will insbesondere deshalb notwendig, weil sich ein Generationenwechsel vollzieht, der uns lehrt, dass ein neuer Umgang mit der Geschichte unabwendbar geworden ist. Den Kern der Friedenspreisrede-Debatte sieht er als logische und notwendige Konsequenz dieses Generationenwechsels. Der Betroffenheitsgrad der Nachkriegsgeborenen kann nicht von der gleichen Intensität sein wie der der unmittelbar Beteiligten. Wir befinden uns demnach in einer Übergangsphase, „in der die subjektive Erinnerung der Betroffenen und Beteiligten neben dem von kulturellen und politischen Eliten objektivierten Geschichtsgedächtnis der Gesamtgesellschaft steht."[93] Während nach der Walser'schen Auffassung die Stimmung des direkten Betroffenseins durch den Generationenwechsel an Bedeutung verliert und zunehmend von Schuld zuweisenden, aber ethisch belanglosen öffentlichen, medial vermittelten Erinnerungsroutinen ersetzt wird, erkennt van der Will in den Routinen des *kulturellen Gedächtnisses* vor allem ein Verfahren, um „die menschenrechtlich-demokratische Praxis der Gegenwart als maßstabsetzendes *kulturelles Gedächtnis* zu befestigen."[94] Dies schließt einen individuellen, ethischen und von einem autonomen Gewissen gesteuerten Umgang mit der Vergangenheit ausdrücklich in die Formung eines *kulturellen Gedächtnisses* mit ein.

2.2 Martin Walser: *Ein springender Brunnen*

2.2.1 Die Problematik des Romans

Martin Walsers Roman *Ein springender Brunnen* erschien kurze Zeit vor der Verleihung des Friedenspreises. Protagonist des Romans ist der im Jahr 1927 geborene Johann, der im beschaulichen Wasserburg am Bodensee aufwächst, ohne die politischen Geschehnisse um ihn herum bewusst wahrzunehmen. Die erzählte Zeit umfasst die Jahre 1933 bis 1945 und kann in drei Perioden untergliedert werden. Die Erzählung setzt im Herbst 1932/33 ein, in der Zeit, in der Deutschland sich in einer wirtschaftlichen

---

[92] Vgl. Assmann, Aleida: *Der lange Schatten der Vergangenheit. Erinnerungskultur und Geschichtspolitik*, S. 241.
[93] Will, Wilfried (van der): „Die Unausweichlichkeit der Provokation. Kultur-und literaturtheoretische Anmerkungen zu Martin Walsers *Ein springender Brunnen* und zu seiner Friedenspreisrede.", in: Parkes, Stuart, Wefelmeyer, Fritz (Hgg.): German Monitor, *SeelenBuch an Deutschland. Martin Walser in Perspective*, Rodopi Verlag, Amsterdam/New York 2004, S. 281-305, hier S. 283f.
[94] Ebd., S. 284f.

Notlage befand, die Adolf Hitler zur Machtergreifung verhalf. In der zweiten Episode, die mit dem Jahr 1938 beginnt, wird der Leser in die Gedankengänge des inzwischen Elfjährigen eingeführt und erfährt nebenbei die zunehmende Bedrohung durch die Nationalsozialisten, die besonders durch die Misshandlung eines Zirkusclowns zum Ausdruck kommt. Der Roman schließt mit dem letzten Kriegsjahr vom Herbst 1944 bis zum Frühjahr 1945 und zeigt den inzwischen jugendlichen Protagonisten in seinem uneingeschränkten Kriegsenthusiasmus. Die drei Romanteile werden jeweils von einem Prolog mit dem Titel „Vergangenheit als Gegenwart" eingeleitet, der den Leser auf die Problematik eines retrospektiven Blickes auf die Vergangenheit aufmerksam machen soll.

Aufgrund seiner Äußerungen in der Friedenspreisrede ist Walsers Auffassung, eine freie, persönliche Erinnerung sei der einzig richtige Umgang mit der Vergangenheit, bekannt. In den drei Vorbemerkungen wirft der Autor allerdings die Frage auf, ob ein Vergangenheitsbezug frei von gegenwärtigen Zwecken überhaupt vorstellbar sei. Walser geht es hier vor allem um den Unterschied zwischen der individuellen, persönlichen Erinnerung und der kollektiven, historiographisch objektivierten Vergangenheit. Er pocht darauf, das persönlich Erlebte nur durch Ausschluss des in den sozialen Rahmen Eingebetteten zur Sprache bringen zu können. Er setzt sich für eine freie Kunstsprache ein, die keine Rücksicht auf *political correctness* nehmen muss. In den Augen seiner Kritiker, die Walser eine politische 180-Grad-Wandlung, einen Seitenwechsel vom linken Intellektuellen zum Antisemiten vorwerfen, ist Walsers Forderung, die literarische Sprache von allen anderen abzugrenzen, lediglich der Versuch, seine Abneigung gegen eine Beschäftigung mit der Vergangenheit zum Ausdruck zu bringen. Die Kritik an *Ein springender Brunnen* wirft vor allem die Frage nach der Rolle der Sprache auf. Dem Schriftsteller wird vorgeworfen den Nationalsozialismus in seinem Werk bewusst ausgespart zu haben. Als Hauptfigur für seinen autobiographischen Roman hat Martin Walser einen Jungen gewählt, der nicht nur seinen Namen[95] mit dem des Schriftstellers teilt, sondern dessen gesamter Lebensweg sich mit dem seines Erfinders deckt. Das Problem der Perspektive liegt darin, dass Walser sich in seiner Erzählung vollständig hinter dem kleinen Johann versteckt, er lässt den Jungen sprechen, ohne als normierende Erzählinstanz einzugreifen, das heißt, ohne die damaligen Erfahrungen durch das

---

[95] Martin Walsers zweiter Vorname lautet Johann.

später erworbene Wissen zu revidieren.[96] Walser wehrt sich vehement gegen diese Kritik; eine andere Perspektive wäre für ihn nicht in Frage gekommen. Sie gilt in den Augen des Autors als einzige legitime Sicht auf die Vergangenheit, wie später im Blick auf Martin Walsers Erinnerungskulturbegriff noch deutlicher wird. Walser wehrt diese Vorwürfe ab, indem er auf die ästhetische Leseerfahrung pocht. Einer solchen steht die Erwähnung von expliziten Zeitereignissen im Roman im Weg. Ihm geht es um die authentische „Leseerfahrung", dessen Voraussetzung in einer völlig erwartungsfreien Haltung des Rezipienten liegen sollte. Eine politische Erwartungshaltung an den Text macht die vom Autor gewünschte „Leseerfahrung" zunichte: „Man bringt das Buch in eine Verhörsituation. Ich glaube ein Verhörender macht keine Erfahrungen. Er sammelt Punkte für ein Urteil."[97]

Damit wirft *Ein springender Brunnen* eine der Hauptthematiken dieses Buches auf, nämlich die Frage nach der Rolle der Literatur, welche Anforderungen an sie gestellt werden können und ob eine strikte Entscheidung zwischen einer politischen Leseart und einer rein auf die Ästhetik fokussierten Lektüre überhaupt legitimierbar ist.

Fest steht, dass ein auf die Ästhetik gerichtetes genussvolles Lesen im Kontext der Erinnerungen an die Verbrechen des Nazi-Regimes als provozierend empfunden werden kann.

---

[96] Vgl. Krauß, Andrea: „Dialog und Wörterbaum. Geschichtskonstruktionen in Ruth Klügers *weiter leben. Eine Jugend* und Martin Walsers *Ein springender Brunnen*", in: Beßlich, Barbara; Grätz, Katharina; Hildebrand, Olaf (Hgg.): *Wende des Erinnerns? Geschichtskonstruktionen in der deutschen Literatur nach 1989*, S. 69-87, hier S. 80.

[97] Walser, Martin: „Leseerfahrungen, Liebeserklärungen. Aufsätze zur Literatur", in: Kiesel, Helmuth (Hrsg.), *M.W., Werke in zwölf Bänden*, unter Mitwirkung von Frank Barsch, Band 12, Suhrkamp Verlag, Frankfurt am Main 1997, S. 723., zitiert nach: Schödel, Kathrin: *Literarisches versus politisches Gedächtnis, Martin Walsers Friedenspreisrede und sein Roman Ein springender Brunnen*, S. 123.

2.2.2 Martin Walsers Erinnerungspoetik: „Solange etwas ist, ist es nicht das, was es gewesen sein wird" (SB 99)[98]

> Als das war, von dem wir jetzt sagen, dass es gewesen sei, haben wir nicht gewusst, dass es ist. Jetzt sagen wir, dass es so und so gewesen sei, obwohl wir damals, als es war, nichts von dem wussten, was wir jetzt sagen. [...] Wie der Gefolterte sagt er alles, was wir wollen, nichts von sich. So die Vergangenheit.[99]

Martin Walsers Erinnerungspoetik markiert den Unterschied zwischen dem Erlebten in der Gegenwart und dem retrospektiven Blick auf dieses Erlebte. Dabei ist seine Poetik von einer extremen Widersprüchlichkeit gekennzeichnet; zum einen soll der Versuch gezeigt werden, die eigene Vergangenheit authentisch wiederzugeben, ohne sie durch das später angeworbene Wissen revidieren zu müssen, zum anderen zeigt Walser in den metafiktionalen Kapiteln „Vergangenheit als Gegenwart" die Schwierigkeit, fast die Unmöglichkeit eines solchen Versuchs, denn „Vergangenheit als Gegenwart" bedeutet auch, dass die Vergangenheit nur über die Gegenwart zu erfassen ist und deswegen dem obigen Anspruch auf völlige Authentizität nicht gerecht werden kann. Erinnerte Vergangenheit kann nie objektive Vergangenheit sein, sie sagt „alles, was wir wollen, nichts von sich", sie kann also immer nur das sein, was aus heutiger Sicht in sie hineininterpretiert wird. Dennoch beabsichtigt Walser in seiner Erinnerungspoetik die Aufhebung des Zeitunterschiedes zwischen zwei Lebensphasen, „die Vergangenheit soll zur Gegenwart werden"[100], allerdings nicht durch gegenwärtige Zwecke gelenkt, sondern auf eine freie, „authentische" Art und Weise. Hofmann beschreibt die Walser'sche Erinnerungspoetik als ein „interesseloses Interesse an der Vergangenheit"[101], interesselos in dem Sinn, dass sie nicht durch gegenwärtige Zwecke gelenkt ist und also auf keine moralischen Belehrungen abzielt.

Dem Hauptkritikpunkt, *Ein springender Brunnen* spare den Nationalsozialismus aus, kann nicht zugestimmt werden. Die aufkeimende Gefahr des NS-Regimes wird durchaus zum Ausdruck gebracht, nicht in einer reflektierten Form, sondern als erlebte, aber nicht beurteilte Zeit.

---

[98] Im Folgenden wird das Sigle SB verwendet für alle Zitate aus: Walser, Martin: *Ein springender Brunnen*, Suhrkamp Verlag, Frankfurt am Main 1998.
[99] Walser, Martin: „Leseerfahrungen, Liebeserklärungen. Aufsätze zur Literatur", S. 123.
[100] Hofmann, Michael: „Epik nach Auschwitz im Gedächtnisraum ohne Auschwitz. Martin Walsers Erinnerungspoetik in *Ein springender Brunnen* im Kontext von Uwe Johnsons *Jahrestage* und Ruth Klügers *weiter leben*", in: Parkes, Stuart, Wefelmeyer, Fritz (Hgg.): German Monitor, *SeelenBuch an Deutschland. Martin Walser in Perspective*, Rodopi Verlag, Amsterdam/New York 2004, S. 325.
[101] Ebd.

Walser betrachtet diese Erzählperspektive als einzige Möglichkeit, sich der Vergangenheit auf eine legitime Art und Weise zu nähern. Er wehrt sich dagegen, seine eigene Kindheit mit dem Wissen eines Erwachsenen zu beurteilen, und er sträubt sich gegen die Anforderung, die eigenen Erinnerungen durch ein später angeworbenes Wissen zu revidieren.[102]

Eine solche zensierte, revidierte Erinnerung wäre ein zweckmäßiges Zurückschauen, das von den gegenwärtigen Zielen, den eigenen Schuldanteil zu minimieren, getrieben wäre. In einem Interview äußert Martin Walser seine Unfähigkeit, Erinnerungen in Bezug auf seine Kindheit unter dem nationalsozialistischen Regime zu lenken, wie folgt:

> Es ist mir [...] nicht möglich, meine Erinnerung mit Hilfe eines inzwischen erworbenen Wissens zu belehren. Die Erinnerung reicht zurück in eine Zeit, von der ich inzwischen weiß, dass sie furchtbar gewesen ist. [...] Ein Sechs- bis Achtzehnjähriger, der Auschwitz nicht bemerkt hat. Kindheit und Jugend entfalten ihren unendlichen Hunger und Durst, und wenn Uniformen, Befehlshabergesichter und dergleichen angeboten werden, dann wird eben das alles verschlungen. [...] Alles, was ich inzwischen erfahren habe, hat diese Bilder nicht verändert.

Kathrin Schödel zufolge ist das „interesselose Interesse" Walsers an der Vergangenheit ein ästhetisches und utopisches Paradox, eine ideale Kunstform, die in der Realität nicht umsetzbar ist. Diese Utopie spiegelt sich auch in der Erzählform des Romans wider. Einerseits wird dem Leser durch wie Momentaufnahmen wirkende Szenen das Gefühl einer spontanen, authentischen Erinnerung vermittelt, andererseits macht der Autor in den Prologen „Vergangenheit als Gegenwart" darauf aufmerksam, dass auch diese Erinnerung nur eine Konstruktion ist. Auch innerhalb der Erzählung weist das Kapitel „Das Wunder von Wasserburg", in dem das phantastische Element von Johanns Doppelgänger nicht realistisch aufgelöst wird, auf die Fiktionalität eines solchen Vergangenheitskonstruktes hin. Die verschwommene Grenze zwischen Johann und seinem Schutzengel in dieser Episode sieht Schödel als Mittel, um auf die Problematik eines retrospektiven Vergangenheitsbezugs aufmerksam zu machen, denn es zeigt die Verflechtung des „spätere[n] Wunschbild[es] des eigenen Ich mit dem rekonstruierten Bild eines möglichen realen Ich." Zudem zeigt dieses Ereignis die Versuchung, die eigene Vergangenheit rückwirkend politisch korrekt auszubessern.[103] Martin Walser ist sich dieser durchaus bewusst, ob er ihr tatsächlich widerstehen kann, bleibt zu klären.

---

[102] Vgl. Moser, Tilmann (11.12.1998): „Erinnerungen an eine Kindheit in der NS-Zeit",
<http://www.tilmannmoser.de/publi/essays/1996_erinnerungen_kindheit_ns.html> (Stand: 14.06.2011)
[103] Schödel, Kathrin: „Jenseits der *political correctness*", in: Wefelmeyer, Fritz; Parkes, Stuart (Hgg.): German Monitor, *SeelenBuch an Deutschland. Martin Walser in Perspective*, S. 297-322, hier S. 316f.

Er kritisierte in der Friedenspreisrede wie auch in verschiedenen seiner früheren Texte die von der Gesellschaft ausgehenden Normierungen im Umgang mit der Vergangenheit. Aus diesem Impuls entwickelte er seine Erinnerungspoetik. Sie soll vor einem allmählichen Vergessen der Vergangenheit durch die Normierung der Gesellschaft schützen.[104]

> In Wirklichkeit wird der Umgang mit der Vergangenheit von Jahrzehnt zu Jahrzehnt strenger normiert. Je normierter dieser Umgang, um so mehr ist, was als Vergangenheit gezeigt wird, Produkt der Gegenwart. Es ist vorstellbar, dass die Vergangenheit überhaupt zum Verschwinden gebracht wird, dass sie nur noch dazu dient, auszudrücken, wie einem jetzt zumute ist, beziehungsweise zumute sein soll. Die Vergangenheit als Fundus, aus dem man sich bedienen kann. Nach Bedarf. Eine komplett erschlossene, durchleuchtete, gereinigte genehmigte, total gegenwartsgeeignete Vergangenheit. Ethisch, politisch durchkorrigiert. Vorexerziert von unseren Gescheitesten, Einwandfreiesten, Besten.[105]

Die Kritik an der Walser'schen Erinnerungspoetik richtete sich vor allem gegen die angebliche Absicht des Autors, eine Entlastung des eigenen Gewissens vorzunehmen, indem er sich von der nationalsozialistischen Vergangenheit sowohl in seiner Friedenspreisrede als auch in seinem Roman distanziert. Vor allem Walsers Kritik an den gesellschaftlichen Normierungen ließ den Verdacht aufkeimen, der Autor wolle die belastende Geschichte seines Landes ausblenden.

In diesem Zusammenhang ist insbesondere die Erzählweise des Romans von Bedeutung. Indem der Protagonist Johann als Sprachrohr für den Autor fungiert, wird eine differenziertere Betrachtungsweise der Darstellung der deutschen Vergangenheit im Roman erfordert, als wenn dem Leser eine klare Distanz zwischen dem Autor und der Erzählerfigur suggeriert wird.[106]

2.2.3 *Ein springender Brunnen* als literarischer Versuch der objektiven Erinnerung

In Bezug auf den autobiographischen Roman kommt der Frage nach einer objektiven Erinnerung einen besonderen Stellenwert zu. In dieser Gattung steht die Frage nach der Möglichkeit, sich bruchlos in das frühere Ich zurückzuversetzen, ohne das gegenwärtige Denken und die im Laufe der Jahre gemachten Erfahrungen mit einfließen zu lassen, besonders im Vordergrund.

---

[104] Vgl. Hofmann, Michael: „Epik nach Auschwitz im Gedächtnisraum ohne Auschwitz", S. 325.
[105] Walser, Martin: *Ein springender Brunnen*, S. 282.
[106] Vgl. Schödel, Kathrin: „Jenseits der political correctness", S. 126.

Ein springender Brunnen ist keine Autobiographie als solche. Bereits der Untertitel verweist explizit auf die Gattung Roman. Die erinnerungstheoretischen Prologpassagen stimmen den Leser darauf ein, dass es sich in dem Werk nicht um eine realitätsgetreue Abbildung von Vergangenem handelt und auch die Episode das „Wunder von Wasserburg" markiert den metafiktionalen Charakter des Werkes.[107] Dennoch sind die vielen Gemeinsamkeiten, die der Protagonist mit seinem Erfinder teilt, nicht von der Hand zu weisen. Walser, der mit zweitem Namen Johannes heißt, wächst in dem genannten Dorf am Bodensee auf und kommt aus den gleichen familiären Verhältnissen wie sein Protagonist. Die Mutter betreibt eine Gastwirtschaft und tritt der NSDAP bei, der Vater stirbt zu einem frühen Zeitpunkt, wenn auch um einige Jahre früher als im Roman geschildert, ein Umstand, der in Hinblick auf Walsers Intention von Bedeutung ist. Wie Johann meldet auch Walser sich gemeinsam mit seinem Bruder, der wenig später in den Kriegstreiben getötet wird, zur Flak. Diese Umstände erlauben es, den Text im Folgenden als autobiographischen Roman zu behandeln.[108]

Martin Walsers dualistischer Erinnerungsbegriff, der einerseits durch das Ideal des „interesselosen Interesses" an der Vergangenheit geprägt ist, andererseits allerdings die Vergangenheit durch ihren unabdingbaren Bezug zur Gegenwart delegitimiert, markiert die Grundproblematik des autobiographischen Schreibens, das sich im Spannungsverhältnis zwischen „Referenzanspruch und dem Bewusstsein vom Konstruktcharakter des Erzählten", zwischen „Dichtung" und „Wahrheit" befindet. Walsers Wunschgedanke des „interesselosen Interesses" ist ein Versuch, diesem Dilemma zu entweichen und dennoch die Vergangenheit authentisch wiederzugeben.[109] Der Autor bezeichnet die von ihm unternommene autobiographische Tätigkeit im ersten Prologkapitel als Traumhausbau: „Erzählen, wie es war, ist ein Traumhausbau. Lange genug geträumt. Jetzt bau. Beim Traumhausbau gibt es keine Willensregung, die zu etwas Erwünschtem führt. Man nimmt entgegen. Bleibt bereit." (SB 10) Diese Metapher veranschaulicht den dualistischen Grundcharakter der Walser'schen Erinnerungspoetik. Zum einen kommt hier das Motiv des „interesselosen Interesses" zum Ausdruck; die Erinnerung erfährt keinen richtunggebenden Impuls, sondern der Autor lässt sich von ihr leiten, „er nimmt entge-

---

[107] Ebd., S. 130.
[108] Vgl. Schödel, Kathrin: „Jenseits der political correctness", S. 30.
[109] Vgl. ebd., S. 144.

gen", andererseits spiegelt die Metapher des Bauens auch den konstruktiven Charakter der autobiographischen Tätigkeit wider.[110]

Martin Walsers Poetik der Erinnerung ist ein brüchiges Konstrukt, weil es immer wieder den Schluss nahelegt, der Autor versuche auf diese Weise die „Wahrheit" zugunsten der „Dichtung" oder auch der persönlichen Entlastung aufzuopfern. Dieser Auffassung kann hier nicht zugestimmt werden. Wie Kathrin Schödel bemerkt, ist Walsers „Traumhausbau" keine Absage an die realistische Vergangenheit, sondern lediglich „eine Rekonstruktion der erinnerten Vergangenheit."

2.2.4 Walsers Erinnerungspoetik und die kulturwissenschaftliche Gedächtnistheorie

> Woher hätte man wissen sollen, was das, was passierte, dem Gedächtnis wert ist? Man kann nicht leben und gleichzeitig etwas darüber wissen. (SB 124)

Dieses Zitat aus einem der Prologkapitel verdeutlicht eindrucksvoll eine Komponente der Walser'schen Erinnerungspoetik. Auf *Ein springender Brunnen* bezogen, legitimiert dieser Aspekt die allgemein umstrittene Erzählperspektive des Romans. Walsers Absicht, vergangene Erlebnisse nicht durch später angeworbenes Wissen zu revidieren, steht in Spannung zu der Halbwachs'schen Theorie, dass Erlebnisse erst rückwirkend im Gedächtnis, durch die Verknüpfung mit anderen Erfahrungen und neuen Erkenntnissen, ihren späteren Stellenwert erhalten. Doch im Unterschied zu Maurice Halbwachs geht es Walser, wie der zweite Satz des obigen Zitates verdeutlicht, nicht um diesen späteren Stellenwert im Gedächtnis, sondern um die Bewahrung des ursprünglichen, *authentischen* Erlebnisses vor der korrigierenden Umänderung im Gedächtnis. Die Fokussierung auf das immanente Erleben in der gegenwärtigen Vergangenheit und die Ablehnung einer Bewertung dieser Zeit sind im Sinne der Halbwachs'schen Erinnerungskultur untragbar, denn die Wahrnehmung, das Handeln, kurz das Leben an sich ist ohne ein Wissen darüber, und sei es noch so unbefriedigend, überhaupt nicht denkbar.[111]

Die Debatte um eine angemessene Form des Erinnerns an die Verbrechen des nationalsozialistischen Deutschlands beinhaltet auch immer die Frage nach dem Verhältnis des Individuums zum Gedächtnisrahmen des Kollektivs. Denn nach Halbwachs ist das In-

---

[110] Ebd., S. 143.
[111] Vgl. Schödel, Kathrin: *Literarisches versus politisches Gedächtnis*, S. 133.

dividuum keine selbstgenügsame Einheit, sondern steht in einer wechselseitigen Relation mit seiner Umgebung. Das menschliche Gedächtnis ist nach der Erkenntnis der kulturellen Gedächtnistheorie ohne die Beziehung zum Kollektiv überhaupt nicht denkbar, genauso wenig wie das kollektive Gedächtnis ohne die individuellen Erinnerungsvermögen denkbar wäre. Im individuellen Gedächtnis vermischen sich die persönlichen Erfahrungen mit den Überlieferungen von Erfahrungen des Kollektivs, so dass eine Erinnerung nicht für sich alleine stehen kann, sondern immer der Kommunikation bedarf, des Austauschs mit der Gruppe, um sich überhaupt festigen zu können. Demnach ist die individuelle Erinnerung notwendigerweise in den Rahmen des Kollektivs eingebettet[112] und durch die Themen und Geschichten, die diese Gemeinschaft bewegen, beherrscht. Diese Einflussnahme gilt auch für den Vergangenheitsbezug, die erlebten Ereignisse dringen nicht unabhängig von den jeweiligen Bedürfnissen des Kollektivs in unser Erinnerungsvermögen durch, sie werden je nach den Bedürfnissen des jeweiligen Kollektivs dazugezogen.[113] Insofern ist Halbwachs' Theorie der Walser'schen Auffassung, nach der die Gegenwart in keinem Sinn einen Einfluss auf die Erinnerung der Vergangenheit nehmen soll, entgegengesetzt. In einem weiteren Punkt divergiert die Erinnerungspoetik Walsers von den Grundideen des Begründers der sozialen Gedächtnistheorie. Während die oben angesprochene Umwandlung, die das Erlebte im Laufe der Zeit im Gedächtnis erfährt, laut Halbwachs eine soziale, von dem Individuum nicht steuerbare Wirklichkeit ist, sieht der viel diskutierte Schriftsteller in ihr eine Form der Wunschvorstellung, die die eigene Vergangenheit rückwirkend beschönigt. Walser plädiert, wie bereits mehrfach erwähnt, für die literarische Authentizität seiner Arbeit, die nur durch eine ungelenkte Erinnerung, eine spontane Erinnerung gesichert werden kann. Dabei ist er sich allerdings bewusst, dass diese Erinnerung nicht „kommunizierbar" ist:

---

[112] Vgl. Assmann, Aleida: *Der lange Schatten der Vergangenheit. Erinnerungskultur und Geschichtspolitik*, S. 24f.
[113] Ein Beispiel für die Abhängigkeit des Erinnerungsvermögens vom Kollektiv, bietet die, im Vergleich zur unmittelbaren Nachkriegszeit, besonders stark ausgeprägte Auseinandersetzung mit dem Dritten Reich über siebzig Jahre nach Kriegsende. Die Erinnerung richtet sich nach der gegenwärtigen Bereitschaft des Kollektivs, sich mit den historischen Ereignissen auseinanderzusetzen. Am Anfang des 21. Jahrhunderts trifft die Auseinandersetzung mit der Thematik den Zeitgeist der Deutschen und ist aus diesem Grund so präsent.

‚[...] Das erworbene Wissen über die mordende Diktatur ist eins, meine Erinnerung ist ein anderes. Allerdings nur so lange, als ich diese Erinnerung für mich behalte. Sobald ich jemanden daran teilhaben lassen möchte, merke ich, dass ich die Unschuld der Erinnerung nicht vermitteln kann. [...]'In dieser Aussage stimmt Walser mit Halbwachs überein, denn sobald das Individuum in Interaktion mit seinem Umfeld tritt, ist er auch an die *cadres sociaux* dieses Umfeldes gebunden, in dem Moment verliert die persönliche Erinnerung ihre ‚Unschuld'.[114]

Walser sieht ein, dass die persönliche, unvermittelte Erinnerung, in der das NS-Regime nur unterschwellig vorkommt, ihre Unschuld in dem Moment verliert, in dem sie öffentlich bekundet wird.

Walser bestreitet diese angebliche Verleumdung vehement und beteuert immer wieder das Gegenteilige bewirken zu wollen, und zwar einen angemessenen Umgang mit der deutschen Vergangenheit. Den Hauptstörfaktor für einen solchen Umgang sieht er in der zunehmenden Medialisierung von Auschwitz. Mit dieser Meinung steht der Autor nicht alleine da, auch Detlev Claussen beschreibt die von den Medien ausgehende Gefahr:

> Das zu begreifende Unbegreifliche ist in eine triviale Banalität verwandelt worden. [...] Die unterschiedlichen Gefühle von Schuld, ausgelöst durch die massenmediale Konfrontation mit dem Verbrechen, werden am Bewusstsein vorbei in Sentimentalität verwandelt – eine Form des Kitsches, die der Unterhaltungsindustrie eigen ist. [...] Nicht die gesellschaftliche Erinnerungsschwäche hat Auschwitz in einen Nebel der Vergangenheit gehüllt, sondern der kulturindustrielle Artefakt [sic], den man ‚Holocaust' nennt, hat Auschwitz verdrängt – im Sinne von ‚beiseite geschoben'.[115]

Doch ist der von Walser vorgeschlagene Rückzug vom kollektiven in das individuelle Gedenken eine Lösung? Was würde seine Forderung nach dieser Verschiebung der Erinnerung an den Holocaust für den zukünftigen Umgang mit der deutschen Vergangenheit bedeuten?

Ein Blick auf die Entstehung eines *kulturellen Gedächtnisses* zeigt, dass der Übergang vom individuellen in das kollektive Erinnerungsvermögen einiger Zwischenstufen bedarf. Diese Stufen bezeichnet Aleida Assmann als „Wir-Gruppen", denen sich Individuen aufgrund gemeinsamer Ideologien anschließen. Durch diese Partizipation an den verschiedenen Gruppen entsteht im *individuellen Gedächtnis* ein Mehr an Erfahrungs-

---

[114] Vgl. Assmann Aleida: *Der lange Schatten der Vergangenheit. Erinnerungskultur und Geschichtspolitik*, S. 161, mit einem Zitat von Walser, Martin, „Über Deutschland reden", S. 76f.

[115] Claussen, Detlev: „Veränderte Vergangenheit. Über das Verschwinden von Auschwitz", in: Berg, Nicolas; Jochimsen, Jess; Stiegler; Bernd (Hgg.): *Shoah - Formen der Erinnerung: Geschichte, Philosophie, Literatur, Kunst.*, Wilhelm Fink Verlag, München 1996, S. 77-93, hier S. 77f.

potential, als durch persönliche Erlebnisse durchlebt werden kann. Diese beiden Arten der Erfahrung, die persönliche und die durch das Kollektiv indirekt vermittelte, verknüpfen sich im individuellen Gedächtnis, wodurch das *kollektive Gedächtnis* entsteht. Durch die Partizipation an Bräuchen als ritualisierten sozialen Formen erfährt das kollektive Gedächtnis eine Festigung.

Assmann geht von drei Erinnerungsstützen aus, die bewirken, dass Erfahrungen, seien es persönliche oder durch die Gruppe übermittelte, immer wieder aufgegriffen werden. Als erste Stütze nennt er das biologische neuronale System des menschlichen Gehirns, als zweite die soziale Komponente der Interaktion und letzten Endes das System der symbolischen Artikulationen, der Riten und der technischen Medien.[116] Die von Walser so heftig kritisierte Medialisierung ist für die Aufrechterhaltung der Erinnerung unabdingbar geworden. Aufgrund der medialen Breitenwirkung werden Diskussionen zu bestimmten Themen immer wieder neu entfacht und garantieren die für das kulturelle Gedächtnis unverzichtbare Kommunikation. Die technischen Medien sind, wie bereits erwähnt, von großer Bedeutung, obgleich die Art und Weise, wie die Themen dargestellt werden, in Bezug auf die Erinnerung zweitrangig ist.

Bei der Beantwortung der oben gestellten Frage, welche Auswirkungen die Walser'sche Forderung auf die Zukunft der Erinnerung haben, liegt nach den angestellten Überlegungen die Antwort auf der Hand: Mit dem Übergang des Gedenkens in das *individuelle Gedächtnis*, würde die Thematik der deutschen Vergangenheit notwendigerweise aus dem *kulturellen Gedächtnis* verschwinden. Im Hinblick auf die Tatsache, dass das *kulturelle Gedächtnis* „identitätsbildende Kommunikation über zeitliche Abstände hinweg" garantiert und die Voraussetzung für „überlebenszeitliche interaktionsfreie Kommunikation"[117] ist, wird klar, dass mit Walsers Forderung das Ableben der Zeitzeugen auch gleichzeitig das Ende der Erinnerung an den Holocaust bedeuten würde.

2.2.5 Walsers autobiographischer Roman *Ein springender Brunnen* als Ausdruck seiner persönlichen Beziehung zum Nationalsozialismus

Der Protagonist Johann, geboren 1927, lebt zusammen mit seinen Eltern und seinem zwei Jahre älteren Bruder Josef in Wasserburg am Bodensee. Die Eltern betreiben die Gastwirtschaft *Restauration*, die der Familie ein eher mäßiges Einkommen zusichert.

---

[116] Assmann, Aleida: *Der lange Schatten der Vergangenheit. Erinnerungskultur und Geschichtspolitik*, S. 59f.
[117] Ebd., S. 60.

Die Charaktereigenschaften der beiden Elternteile werden als sehr gegensätzlich beschrieben. Der Vater, ein Anhänger der Weimarer-Generation und durch den Einsatz im Ersten Weltkrieg stark traumatisiert, wird als Träumer dargestellt, als jemand, den der schöne Anschlag seines Sohnes beim Klavierspielen mehr interessiert als die politisch-wirtschaftliche Misslage. Er gilt im Dorf als Versager, weil er als Gastwirt nichts taugt und die Mutter sich alleine um die materiellen Bedürfnisse der Familie kümmern muss. Johann bemerkt schon früh, dass eine Kommunikationsunfähigkeit zwischen seinen Eltern herrscht. Seine Mutter spricht nur in starkem Dialekt, während der Vater hingegen ausschließlich Hochdeutsch spricht, und beide vertreten völlig unterschiedliche Lebensansichten. Der Vater, ein Esoteriker, kümmert sich nicht um das Überleben der *Restauration*, sondern überlegt mit der Vertretung von Magnetfeldtherapiegeräten und anderen diffusen Geschäftsideen sein Geld zu verdienen. Er kümmert sich hingebungsvoll um seine Kinder, erfreut sich an ihrem Heranwachsen, ist jedoch blind für die finanzielle Notlage, gegen die die Mutter auf zunehmend bittere Art und Weise versucht anzukämpfen.

Die Nationalsozialistische Partei verspricht den Dorfbewohnern einen Ausweg aus ihren finanziellen Notlagen. Die Losung „Hitler reißt uns alle raus" (SB 41) verbreitet sich rasch unter den Einwohnern. Um den verzweifelten Kampf für das wirtschaftliche Überleben der Familie und gegen die soziale Degradierung nicht zu verlieren, entscheidet sich die Mutter dafür, *die Restauration* zum Stammlokal der Nazis umzuwandeln und der Nationalsozialistischen Partei beizutreten. Die wahre ideologische Gesinnung der Mutter bleibt dem Leser, trotz einiger Hinweise darauf, dass sie ausschließlich um des Überlebens willen der Partei beigetreten sei, unbekannt.[118]

Johanns Vater ist sich der Gefahren, die das nationalsozialistische Regime birgt, bereits vor der Machtergreifung bewusst: „Die Katastrophe heißt Hitler" (SB 87). Dennoch besitzt er nicht das nötige Durchsetzungsvermögen, um die Mutter von ihrem Eintritt in die Partei zurückzuhalten.

Anhand der Darstellung des Vaters zeigt Walser, mit welchen schwerwiegenden Konsequenzen ein Querdenker in dieser Zeit rechnen musste. Als der Vater, von seinen Er-

---

[118] Die Armbewegung des „deutschen Grußes" wirkt bei der Mutter wie eine Karikatur, sie duldet den Nazi-Gegner Battist in ihrem Lokal und hört sogar zu, als dieser sich in der *Restauration* politisch gefährlich äußert. Die Mutter widerspricht ihm nicht, warnt den kleinen Johann nur davor, etwas von dem Gehörten weiterzuerzählen, da sonst „alle ihr Leben verlören" (SB 204). Die Schmerzen der Mutter in der Bauchgegend lassen Magengeschwüre vermuten, die offensichtlich dem ständigen psychischen Druck zuzuschreiben sind. Sie treten immer dann am heftigsten auf, wenn sich das Gespräch um das nationalsozialistische Regime dreht. Vgl. hierzu Moser, Tillmann, „Erinnerungen an eine Kindheit in der NS-Zeit", http://www.tilmannmoser.de/publi/essays/1996_erinnerungen_kindheit_ns.html (Stand 14.06.2011)

fahrungen im Ersten Weltkrieg noch schwer traumatisiert, nicht mit dem Kriegerverein mitmarschieren will, ermahnt ihn seine Frau, doch Rücksicht auf ihre Existenz zu nehmen, ansonsten „werden [sie] halt als nächste vergantet [...]" (SB 71) Auch der Aufschrei der Mutter, „es reiche doch, dass der Vater nichts als Schwierigkeiten gehabt habe mit den neuen Leuten, dass man fast um alles gekommen sei, das reiche doch, oder!" (SB 252), als sie die Diskussion ihrer beiden Söhne über den Überfall des SS-Landsturms auf den Zirkusclown nicht mehr anhören kann, verdeutlicht die Allgegenwart, den Druck des NS-Regimes auf die Familienstrukturen und die Begrenztheit der Entscheidungsmöglichkeiten. Zudem macht Walser auf einen gravierenden Unterschied zwischen der Familie Johanns und der seines besten Freundes Adolf Brugger aufmerksam. Adolfs Vater ist, trotz finanziellem Wohlstand, von Anfang an ein begeisterter Anhänger der braunen Partei. Er gilt als die Personifizierung des Nationalsozialismus im *Springenden Brunnen*. Als Herr Brugger an die Gehorsamkeit seines Jagdhundes appelliert und diesem klar macht, dass er die Wahl zwischen der Kugel oder dem bedingungslosen Gehorsam hat, legt er Johann und Adolf ebenfalls ans Herz, sich diese Wahl gut zu merken, weil sie für sie alle gelten würde. Damit wird veranschaulicht, mit welcher Rücksichtslosigkeit die Nationalsozialisten die Umsetzung ihrer Ziele verfolgten.

Der kleine Johann bemerkt zwar, dass sich die Stimmung im Dorf allmählich wandelt, allerdings kann er die Veränderungen nicht zuordnen. Zuhause wird das Thema Nationalsozialismus tabuisiert, Johann nimmt die Abneigung des Vaters gegen die Nazis zwar zur Kenntnis, fragt allerdings nicht nach den Ursachen. Vielmehr bedrücken ihn die Sorgen der Mutter und so tut er alles, um „die oberste Benimmregel [zu befolgen]: sich immer so aufzuführen, dass niemand im Dorf Anlass fände, sich bei der Mutter zu beschweren." (SB 18)

Als nach dem krankheitsbedingten Tod des Vaters in der Schule eine Aufgabe mit einer Prozentrechnung der aktuellen Wahlergebnisse an die Reihe kommt, ist Johann erleichtert, dass der tote Vater „nicht zu den sechs Nein-Stimmen gehör[te]" (SB 151).

2.2.6 Die Sprache im Kontext des persönlichen Autonomieanspruchs

> Ob er Schiller oder Meyer in die Hand nahm, es geschah nie ohne Andacht. [...]
> So gestimmt, konnte Johann von nichts Schrecklichem Kenntnis nehmen. Alles,
> was entsetzlich war, fiel ab an ihm, wie es hergekommen war. Er wollte nicht
> bestreiten, was rundum als entsetzlich sich auftat. Aber er wollte sich nicht ver-
> stellen. Und er hätte sich verstellen müssen, wenn er getan hätte, als erreichte
> ihn das Entsetzliche. Es erreichte ihn nicht. Er kam sich vor wie einer in einer
> Flut. In einem Element aus nichts als Gunst und Glanz. Jeder Tag, an den er
> sich erinnerte, war der schönste Tag in seinem Leben. Andere Tage ließ er gar
> nicht zu. (SB 388f.)

Die Sprache hat für Johann eine ganz besondere Bedeutung. Sie steht für die Verbindung zu dem geliebten Vater, der seinem Sohn die Faszination für die Sprache vermittelte, indem er ihn von klein auf schwierige Wörter buchstabieren ließ, die er anschließend in seinem Wörterbaum festhalten sollte. Für Johann ist das Spiel mit den Wörtern
jedoch weit mehr als nur eine Leidenschaft. Seine eigene, freie Sprache dient ihm als
Schutzschild gegen den Nationalsozialismus und er muss sie gegen die kirchliche Tradi-
tion und gegen die Sprache der nationalsozialistischen Barbarei, die er als Fremdspra-
chen bezeichnet, verteidigen. Der Rückzug in die Welt der Bücher bewahrt Johann vor
der beherrschenden Ideologie. Die Erfindung einer eigenen Sprache ermöglicht ihm
eine vollkommene Selbstbestimmung, die es zu verteidigen gilt. Hierfür ist eine Abwendung von den Erfahrungen und dem Leid der anderen unabdingbar: „Johann wollte
nie mehr unterworfen sein, weder einer Macht noch einer Angst. Niemand sollte einen
Anspruch an ihn haben. Am liebsten wäre er so frei gewesen, wie noch niemand gewesen war." (SB 402)

Das Verständnis der Sprache im Roman geht mit der Erinnerungspoetik Walsers einher.
Sie wird, analog zum „interesselosen Interesse" an der Vergangenheit, mit einem Hin-
weis auf Nietzsches *Zarathustra* als „springender Brunnen" verstanden: Sie soll aus
dem tiefsten Unterbewusstsein des Autors *herausfließen*, völlig ungelenkt und losgelöst
von den Normierungen durch das Kollektiv:

> Wenn er anfängt zu schreiben, soll schon auf dem Papier stehen, was er
> schreiben möchte. Was durch die Sprache, also von selbst aufs Papier ge-
> kommen wäre, müßte von ihm nur noch gelesen werden. Die Sprache, dach-
> te Johann, ist ein springender Brunnen. (SB 405)

Die Sprache hat nicht den Anspruch, eine tiefere Bedeutung hinter den Dingen zu ergründen, sondern alleine „deren glänzende Oberfläche aufzunehmen"[119]. Die absolute Fixierung auf die eigene Selbstbestimmung, die sich im Sprachbegriff widerspiegelt, fordert insofern ein fragwürdiges Attribut, als dass Johann sich klar von den Erfahrungen seines jüdischen Klassenkameraden nach Kriegsende distanziert, weil sie für seine persönliche Selbstbestimmung eine Gefahr darstellen würden.

2.2.7 Der Vorwurf der idealisierenden Darstellung der Vergangenheit in der zeitgenössischen Rezeption

Im Folgenden werden noch einmal die gewichtigsten Kritikpunkte an Walsers autobiographischem Roman umrissen, um diese anschließend anhand der oben erläuterten Textbeispiele auf ihre Legitimität hin zu überprüfen. Einer der Kritikpunkte richtete sich gegen die Erzählperspektive, gegen den Umstand, dass eine Zeit, in der die Brutalität der Verbrechen von einer Singularität ohne Dimensionen war, aus der Sicht eines unschuldigen kleinen Jungens erfolgt. Der Hauptvorwurf an den Schriftsteller und an sein Werk beinhaltet, dass „[es] keine Moral, keine Einsicht von heute aus"[120] beinhaltet.

> Was der Zeitgeist der ‚Meinungssoldaten' im Meinungsdienst einklagt, ist eben ein Erzählen aus heutiger Perspektive, also späterer Einsicht, um alles damals nicht Wahrgenommene oder Verdrängte erzählend zu korrigieren, und genau diese pflichtbewusste Wiedergutmachung verweigert der Walser'sche Roman.[121]

Legitim wäre in den Augen seiner Kontrahenten die Wahl der Erzählperspektive nur dann gewesen, wenn zwischendurch korrigierende Einschübe durch die schriftstellerische Instanz erfolgt wären. Dieser Kritik steht der Walser'sche Erinnerungskulturbegriff diametral entgegen, denn die gewählte Erzählperspektive ist für Walser der einzige Weg zu einem *ehrlichen* Umgang mit der Vergangenheit.

Eine weitere negative Beurteilung des Romans richtet sich gegen eine angebliche Aussparung des Nationalsozialismus, die einer Verleumdung von Auschwitz gleichzusetzen

---

[119] Hofmann, Michael, „Epik nach Auschwitz im Gedächtnisraum ohne Auschwitz. Martin Walsers Erinnerungspoetik in *Ein springender Brunnen* im Kontext von Uwe Johnsons *Jahrestage* und Ruth Klügers *weiter leben*", S. 323.
[120] Baumgart, Reinhard: „Wieder eine Kindheit verteidigt. Eine Kritik zu Martin Walsers „Ein springender Brunnen" mit fünf späteren Zwischenreden", in: Borchmeyer, Dieter (Hrsg.): *Signaturen der Gegenwartsliteratur. Festschrift für Walter Hinderer*, Königshausen & Neumann Verlag, Würzburg 1999, S. 85.
[121] Ebd., S. 85.

wäre. Dieser Vorwurf scheint insofern nicht gerechtfertigt, als dass die Untersuchung einiger Textpassagen gezeigt hat, dass die Bedrohung durch die nationalsozialistische Partei durchaus thematisiert wird. Walsers Blick auf das kleinbürgerliche Milieu der Dorfgemeinschaft zeigt zudem, dass die Thematisierung des NS-Regimes nicht ausschließlich aus der von ihm beabsichtigten kindlich-unschuldigen Perspektive erfolgt, sondern durchaus Rechtfertigungselemente aufweist, die einer spontanen, unwillkürlichen Erinnerung widersprechen. Andererseits dienen die nationalsozialistischen Bezüge im Text dazu, die Deutschen zu dieser Zeit als für die nationalsozialistische Weltanschauung anfällig zu beschreiben. Damit wird von Walser ein durchaus realistisches Gesellschaftsbild skizziert, das verdeutlicht, wie die Mord-Maschinerie des Dritten Reichs überhaupt funktionieren konnte: durch das Wegschauen der breiten Masse.[122]

Die Hauptproblematik des Werkes ist am Romanende anzusiedeln, an dem die Abwendung Johanns von der Opferperspektive thematisiert wird.
Nach Kriegsende wird Johann von dem ehemaligen Mitschüler Wolfgang mit der Realität des Dritten Reiches und mit seiner eigenen Geschichte konfrontiert, die von Opportunismus und Feigheit zeugt. Darin, dass Johann seine eigene Geschichte bewusst ablehnt und von sich schiebt, kommt die Interesselosigkeit und der mangelnde Blick für die Anderen, der Walser immer wieder zum Vorwurf gemacht wurden, in ihrer ganzen Fülle zum Ausdruck.
Durch diese Passage erscheint die Verdrängung der Vergangenheit durch den Autor quasi sanktioniert und bleibt aus diesem Grund als ethischer Mangel des Romans bestehen.[123]

Das Verhalten Johanns ist im Hinblick auf das Gedenken an den Holocaust im Nachkriegsdeutschland zwar problematisch, dennoch aber nicht untypisch. Salomon Korn ist in seinem Buch *Geteilte Erinnerung – Beiträge zur 'deutsch-jüdischen' Gegenwart* auf die Problematik der zweigeteilten Erinnerung eingegangen. Thematisiert wird das unterschiedliche Ausmaß des Erinnerns von Opfern und Tätern. Die Nachfahren der Tätergeneration können oft nicht im gleichen Maße den Opfern des NS-Regimes gedenken, wie es die Angehörigen der Verstorbenen tun, da ihnen der persönliche Bezug fehlt

---

[122] Vgl. Will, Winfried (van der): „Die Unausweichlichkeit der Provokation", S. 288f.
[123] Vgl. Hofmann, Michael: „Epik nach Auschwitz im Gedächtnisraum ohne Auschwitz. Martin Walsers Erinnerungspoetik in *Ein springender Brunnen* im Kontext von Uwe Johnsons *Jahrestage* und Ruth Klügers *weiter leben*", S. 334.

und das Gedenken an die Opfer immer auch die unbequeme Frage nach der Schuld des eigenen Volkes mit sich führt.[124]

In *Ein springender Brunnen* ist diese Last der Schuld des eigenen Volkes deutlich spürbar. Als Johann am Ende des Romans beispielsweise erfährt, wie sehr die jüdische Frau Landsmann unter ihrer Angst während der Jahre der nationalsozialistischen Herrschaft gelitten hat, möchte er ihr am liebsten nicht mehr begegnen. Zu sehr fürchtet er, „Frau Landsmann würde ihn mit ihrer Angst anstecken"; „er wollte leben, nicht Angst haben" (SB 402). Auch in Bezug auf den gefallenen Bruder Josef ist eine deutliche Verdrängung zu konstatieren. Johann will dessen Tod nicht wahrhaben: „Er sah Josef immer lebendig vor sich. Vielleicht würde er sich im Winter die Toten vorstellen. Jetzt nicht. Nicht in diesem glühenden Sommer." (SB 401)

Diese Abwehrhaltung ist nach Margarete und Alexander Mitscherlich eine typische Reaktion eines Anhängers der Flakhelfer-Generation. Nach dem Zerfall des Dritten Reiches, der die völlige Desillusionierung dieser Jugend bewirkt hatte, herrschte ein temporärer „submoralische[r] Notstand", den die Jugendlichen nur durch Verdrängungsmechanismen überstehen konnten. Diese Verhaltensweise mag psychologisch verständlich sein, doch, wie auch Walsers Werk zeigt, kann sie nicht ethisch neutral sein, denn auf diesen ersten Schockzustand folgte keine angemessene Vergangenheitsbewältigung.[125]

2.3 Ruth Klüger: weiter leben, Eine Jugend.

2.3.1 Versuch eines Dialoges: „Den Göttinger Freunden...ein deutsches Buch"

In ihrer Autobiographie *weiter leben, Eine Jugend* berichtet die im Jahr 1931 geborene österreichische Jüdin Ruth Klüger über die schlimmsten Jahre ihres Lebens, in denen sie als Opfer des nationalsozialistischen Regimes die drei Konzentrationslager Theresienstadt, Birkenau und Christianstadt überlebt hat. Die Autorin, die nach der Befreiung durch die Alliierten in die USA emigriert, kehrt 1987 für einen Besuch nach Deutschland zurück und erleidet einen schweren Unfall, durch den sie an einer vorübergehenden

---

[124] Vgl. Korn, Salomon: *Geteilte Erinnerung. Beiträge zur 'deutsch-jüdischen' Gegenwart. Mit einem Geleitwort von Marcel Reich-Ranicki*, Philo Verlagsgesellschaft, Berlin 1999, S. 106.

[125] Kiesel, Helmuth: „Zwei Modelle literarischer Erinnerung an die NS-Zeit: *Die Blechtrommel* und *Ein Springender Brunnen*", in: Parkes, Stuart, Wefelmeyer, Fritz (Hgg.): German Monitor, *SeelenBuch an Deutschland. Martin Walser in Perspective*, Rodopi Verlag, Amsterdam/New York 2004, S. 343-362, hier S. 356.

Amnesie erkrankt. Diese erneut lebensbedrohliche Erfahrung in Deutschland, die die Schriftstellerin wiederholt vor die ‚Entscheidung' zwischen dem Tod und dem Weiterleben stellt, veranlasst sie im Jahr 1992 zur Niederschrift ihrer Autobiographie *weiter leben. Eine Jugend.*[126]

Die Hauptthematik des Werkes berührt die Diskrepanz zwischen den Erfahrungen von Juden und Nichtjuden im Dritten Reich. Die Kritik der Autorin richtet sich vor allem gegen die Aussparung der jüdischen Erlebnisse im Gedenken an den Holocaust im Nachkriegsdeutschland und fordert, das jüdische Schicksal endlich als bedeutende Komponente der deutschen Geschichte anzuerkennen.[127] Das Verfassen der Autobiographie in deutscher Sprache, die Veröffentlichung in Deutschland sowie die Widmung am Anfang des Buches „Den Göttinger Freunden...ein deutsches Buch" zeugen von der Intention der Autorin, fünfzig Jahre nach Kriegsende das Schweigen zwischen Opfer und Täter zu brechen und persönlich in einen Dialog mit den Deutschen zu treten. Klügers Autobiographie fand unmittelbar nach der Veröffentlichung einen großen Zuspruch von der deutschen Leserschaft und avancierte innerhalb kürzester Zeit zu einem Bestseller. Dieser Umstand scheint in Bezug auf die Stimmung in der deutschen Öffentlichkeit zu der Zeit der Veröffentlichung durchaus verwunderlich. Zwei Jahre nach dem Mauerfall sahen viele Deutsche die Wiedervereinigung als Schlussstrich, der unter die deutsche Vergangenheit gezogen werden sollte.[128]

Worauf beruht also diese positive Resonanz von Seiten der deutschen Leserschaft? Wie wird das Motiv der Erinnerung in Klügers Autobiographie gehandhabt und in welchem Verhältnis stehen die Klüger'sche und die Walser'sche Erinnerungspoetik zueinander?

2.3.2 Ruth Klüger und Martin Walser – ein typisch jüdisch-deutsches Verhältnis?

Ruth Klüger und Martin Walser verband eine über fünfzigjährige Freundschaft, die durch die Veröffentlichung von Walsers Roman *Tod eines Kritikers* in eine Krise geriet.

---

[126] Vgl. Lorenz, Matthias N., *Auschwitz drängt uns auf einen Fleck, Judendarstellung und Auschwitzdiskurs bei Martin Walser*, Verlag J.B.Metzler, Stuttgart 2005, S. 240.
[127] Vgl. Hofmann, Michael: „Epik nach Auschwitz im Gedächtnisraum ohne Auschwitz. Martin Walsers Erinnerungspoetik in *Ein springender Brunnen* im Kontext von Uwe Johnsons *Jahrestage* und Ruth Klügers *weiter leben*", S. 336.
[128] Die Ergebnisse einer Umfrage im Jahr 1994 zeigten, dass über die Hälfte aller Einwohner der Bundesrepublik der Ansicht waren, dass das Kapitel des Dritten Reiches endgültig der Vergangenheit angehören sollte, und immerhin 37 Prozent gaben an, dass die nationalsozialistischen Verbrechen ihre Bedeutung für die Gegenwart aufgrund der Tatsache, dass diese über fünfzig Jahre zurückliegen würden, eingebüßt habe. Vgl. hierzu: Bos, Pascale R., *German-Jewish Literature in the wake of the Holocaust. Grete Weil, Ruth Klüger, and the politics of address*, Palgrave Macmillan, New York 2005, S. 71.

Kennengelernt haben die ehemaligen Kommilitonen sich im Jahr 1946 in einer Vorlesung an der Regensburger Universität.[129] Die unterschiedlichen Erfahrungshorizonte, die die beiden im Dritten Reich geprägt haben, Walser als ehemaliger Flakhelfer und Klüger als Auschwitz-Überlebende, lagen während vieler Jahre wie ein Schatten über dem freundschaftlichen Verhältnis.

Klüger bezeichnet die Freundschaft zu Walser in *weiter leben* metaphorisch als „brüchige, rissige Schnur, mit Knoten, die man nicht mehr entwirrt ohne Gefahr, das Ding ernstlich zu schädigen."[130]

Die Bereitschaft eines Dialoges erfordert immer eine beidseitige Bereitwilligkeit, sich in den anderen hineinzuversetzen und damit auch die eigene Auffassung, das eigene Verhalten, ein Stück weit in Frage zu stellen. Diese Bereitwilligkeit fordert Klüger von den Deutschen. Der deutsche Junge, der den Zug mit den KZ-Häftlingen beobachtete und den die Autorin später mit Christoph alias Martin Walser in Verbindung brachte, soll nach all den Jahren zumindest einen Blick für die Zuginsassen, für ihr Schicksal, an den Tag legen. Dieses Entgegenkommen lehnt Walser mit seinem Roman, der durchaus als Antwort auf die Autobiographie Klügers gelesen werden kann, ab, indem er die Perspektive des kleinen Jungen im Dritten Reich nicht im Nachhinein revidiert und zudem das Schicksal der Juden nicht in das kollektive Gedächtnis miteinbezieht.[131]

Christoph wird in *weiter leben* als Prototyp des deutschen Intellektuellen charakterisiert, der „wußte, wo und wer er war. [...] Großzügig, liebenswert zieht er aus, die Fremde zu erobern, und dabei will er nicht mehr von ihr lernen, als ohne Gefährdung der Eigenständigkeit zu machen ist." (WL 214)[132]

Diese Beschreibung verweist auf eine Parallele zu dem Verhalten von Johann, am Ende von *Ein springender Brunnen*, der sich die Schilderungen seines halbjüdischen Klassenkameraden, aus Angst vor einer Gefährdung seiner Selbstbestimmung, nicht anhören will. Auch Walser hat sich gegenüber den Erfahrungen seiner jüdischen Kommilitonin interesselos gezeigt. Beim Verfassen eines Aufsatzes über Auschwitz hat er sich nicht

---

[129] Vgl. Hessing, Jakob, „Spiegelbilder der Zeit - Wolfgang Koeppen und Ruth Klüger", in: Braese, Stephan (Hrsg.): *In der Sprache der Täter. Neue Lektüren deutschsprachiger Nachkriegs-und Gegenwartsliteratur*, Westdeutscher Verlag, Opladen/Wiesbaden 1998, S. 110.

[130] Vgl. Hessing, Jakob: „Spiegelbilder der Zeit - Wolfgang Koeppen und Ruth Klüger", S. 213.

[131] Vgl. Hofmann, Michael: „Epik nach Auschwitz im Gedächtnisraum ohne Auschwitz. Martin Walsers Erinnerungspoetik in *Ein springender Brunnen* im Kontext von Uwe Johnsons *Jahrestage* und Ruth Klügers *weiter leben*", S. 337.

[132] Im Folgenden wird das Sigle WL verwendet für alle Zitate aus: Klüger, Ruth: *weiter leben. Eine Jugend*, Deutscher TaschenBuch Verlag, München 2010.

für die Sichtweise der Jüdin interessiert, und auf die Frage nach dem Grund dieses Verhaltens lediglich erwidert, nichts über ihren Aufenthalt im Konzentrationslager gewusst zu haben.[133] Dass Martin Walser diese gravierende, schmerzliche Periode aus dem Leben der Freundin tatsächlich nicht wahrgenommen hatte, scheint für die Letztere äußerst unwahrscheinlich. Der deutsche Autor lehnt die von Klüger so stark geforderte Bereitschaft, zuzuhören und dem jüdischen Schicksal einen festen Platz in der eigenen Biographie einzuräumen, ab:

> Ohne mit einer Unhöflichkeit rund herauszukommen, läßt Christoph durchblicken, ich könnte kein gemäßigtes Urteil fällen über Katastrophen, die uns heute bedrohen, denn für mich sei von Haus aus alles katastrophal, und auch das Prinzip Hoffnung verstünde ich aus biographischen Gründen nicht. Ich antworte, dass vielleicht auch die Urteilsfähigkeit der früheren Hitlerjugend durch ihre Erziehung beeinträchtigt sei. Die Bemerkung hält er für unangebracht. Seine wohlwollende Überheblichkeit hilft ihm, nicht zu verstehen, was ich sage. (WL 219)

Andrea Krauß stellt in ihrem Aufsatz „Dialog und Wörterbaum" fest, dass Klüger mit der literarischen Figur des Christoph ein repräsentatives Beispiel „einer in Deutschland insgesamt vorherrschenden Kommunikation *ohne* Juden" gezeigt hat. Die Deutschen hätten nach dem Zerfall des Dritten Reiches „keinen Anteil an der Entwicklung von Erinnerungsstrategien an das Dritte Reich"[134] gehabt, weil sie den Juden einfach nicht zuhörten. *weiter leben* ist ein Gesprächsangebot an die Deutschen, mit der Hoffnung, diese würden die Aufforderung annehmen und die jüdischen Erfahrungen in ihre Erinnerungskultur miteinbeziehen. Walser habe ihr dieses Angebot abgeschlagen, indem er die deutsche Erinnerung „homogenisiert" und das deutsche mit dem jüdischen Schicksal gleichgesetzt habe.[135] Martin Walsers Reaktion auf die Lektüre der Autobiographie lässt deutlich erkennen, dass der Autor, auch fast fünfzig Jahre nach Kriegsende, immer noch keinen Sinn für die Opferperspektive entwickelt hat. Kurz nach Erscheinen des Buches lobt er die Kollegin in dem Rundfunk-Text „Ruth Klüger zur Begrüßung" ausschließlich für ihr „literarisches Sprachwunder", mit dem sie nach so vielen Jahren nach Deutschland zurückgekehrt sei. Indessen wird die eigentliche Thematik des Buches, das jüdische Schicksal seiner Freundin und ihr Anliegen, mit den Deutschen in einen Dialog

---

[133] Zur Problematik des Verhältnisses Klüger/Walser, vgl. Heidelberger-Leonard, Irene, „Auschwitz, Weiss und Walser. Anmerkungen zu den ‚Zeitschaften' in Ruth Klügers *weiter leben*", in: *Peter Weiss JahrBuch* 4, Westdeutscher Verlag, Opladen 1995, S. 78-89.
[134] Krauß, Andrea: „Dialog und Wörterbaum. Geschichtskonstruktionen in Ruth Klügers *weiter leben. Eine Jugend* und Martin Walsers *Ein springender Brunnen*", S. 70.
[135] Vgl. Hofmann, Michael: „Epik nach Auschwitz im Gedächtnisraum ohne Auschwitz. Martin Walsers Erinnerungspoetik in *Ein springender Brunnen* im Kontext von Uwe Johnsons *Jahrestage* und Ruth Klügers *weiter leben*", S. 324.

zu treten, von ihm weitestgehend ignoriert. Das Schicksal der Autorin wird nur am Rande und in indirekter Form erwähnt:

> Ruth Klüger wurde aus Wien vertrieben, jetzt hat sie in ursprünglicher Sprache beschrieben, wie sie mit zugefügtem Schicksal umgeht. Sie entwickelt im Umgang mit dem ihr Zugefügten eine schon gloriose Selbstständigkeit. Ihre Lebensgeschichte besteht aus lauter Historischem, aber sie geht damit so um, dass eine Einmaligkeit entsteht.[136]

Walser umschreibt die nicht zu beschreibenden Jahren der Qualen jenseits aller menschlichen Würde, die Klüger in den Jahren in Theresienstadt und Auschwitz durchlebt hat, als ein „ihr zugefügte[s] Schicksal" und überhört damit die Forderung der Autorin, die grausame Realität des Holocausts zu konfrontieren, anstatt diesen Teil der deutschen Geschichte durch Mystifizierungen (die nicht weit von Tabuisierung entfernt liegen) zu entschärfen. Ein zweiter *faux-pas* in Walsers Reaktion liegt in der Aussage, Klüger sei in ihre *Heimat* zurückgekehrt. Dabei sieht die Autorin ihre Autobiographie nicht als Versöhnungsangebot an die deutsche Nation, sondern, wie bereits mehrfach erwähnt, als Gesprächsangebot an dieselbe.

Die Kontroverse zwischen Klüger und Walser führt unmittelbar wieder zu der Frage nach den Anforderungen, die man an die Literatur stellen kann. Geht es um die ästhetische Darstellung im Werk oder lediglich um eine historische und politisch korrekte Darstellung? Ruth Klügers Beweggrund für die Niederschrift ihres Werkes ist eindeutig ein politisch-historischer. Sie beabsichtigt dem Leser eine klare Botschaft zu übermitteln, sie „historisiert Literatur", während Martin Walser „Geschichte literarisiert"[137] und den ästhetischen Eigenwert des Textes in den Mittelpunkt stellt.

2.3.4 Die Darstellung der Erinnerung als Konstruktion in *weiter leben. Eine Jugend*

Die Problematik des autobiographischen Schreibens, die bereits in Bezug auf Martin Walsers Roman *Ein springender Brunnen* erörtert wurde, bezieht sich in gleicher Weise auf die Memoiren von Ruth Klüger. Auf ähnliche Art und Weise, in der Walser diese Problemstellung in den Prolog-Kapiteln seines autobiographischen Romans thematisiert hat, macht auch Klüger auf der meta-narrativen Ebene auf die Schwierigkeiten des autobiographischen Unterfangens aufmerksam. In *weiter leben* problematisiert sie den

---

[136] Walser, Martin: „Ruth Klüger zur Begrüßung". Bayrischer Rundfunk. Das Kulturjournal, 27.09.1992, zitiert nach Krauß, Andrea, „Dialog und Wörterbaum. Geschichtskonstruktionen in Ruth Klügers *weiter leben. Eine Jugend* und Martin Walsers *Ein springender Brunnen*.", S. 71.

[137] Krauß, Andrea: „Dialog und Wörterbaum. Geschichtskonstruktionen in Ruth Klügers *weiter leben. Eine Jugend* und Martin Walsers *Ein springender Brunnen*", S. 73.

konstrukthaften Charakter der Erinnerung und den Versuch, die über fünfzig Jahre zurückliegenden Erinnerungen aus gegenwärtiger Sicht authentisch wiederzugeben. Die Idee der Erinnerung als Konstruktion kommt besonders deutlich zum Ausdruck, wenn Klüger, anders als in der typischen Autobiographie, keine chronologische Reihenfolge einhält. Die Zeitebenen in ihrem Text schieben sich durch Antizipationen und Rückblenden ineinander. Durch diese Stilmittel demonstriert sie, dass Erinnerung immer eine Konstruktion ist, die aus den gegenwärtigen Bedürfnissen heraus entsteht.

Zudem ist sich Klüger bewusst, dass die jahrelange Beschäftigung mit dem Thema, auch auf wissenschaftlicher Ebene, nicht ohne Einfluss auf ihre Erinnerungen bleibt. Dennoch empfindet sie, konträr zu Walser, diesen Einfluss für die Niederschrift ihrer Autobiographie nicht hemmend. Die im Laufe der Jahre geführten Holocaust-Diskurse sieht sie als legitime Komponente eines gegenwärtigen Schreibens über den Holocaust:

> Es ist unsinnig, die Lager räumlich so darstellen zu wollen, wie sie damals waren. Aber fast so unsinnig ist es, sie mit Worten beschreiben zu wollen, als liege nichts zwischen uns und der Zeit, als es sie noch gab. Die ersten Bücher nach dem Krieg konnten das vielleicht noch, jene Bücher, die damals niemand lesen wollte, aber gerade sie sind es, die unser Denken seither verändert haben, so dass ich heute nicht von den Lagern erzählen kann, als wäre ich die erste, als hätte niemand davon erzählt, als wüsste nicht jeder, der das hier liest, schon so viel darüber, dass er meint, es sei mehr als genug, und als wäre dies alles nicht schon ausgebaut worden – politisch, ästhetisch und auch als Kitsch. (WL 79)

Der Holocaust-Diskurs in *weiter leben* richtet sich an die Vorgehensweise der deutschen Erinnerungskultur. Klüger kritisiert die institutionalisierten Formen des Gedenkens, die sich in den zahlreichen Gedenkstätten oder Museen wiederfinden und einer respektvollen, authentischen Anteilnahme am Schicksal der sechs Millionen Opfer des nationalsozialistischen Regimes im Weg stehen. Diese „Museumskultur der KZ's" (WL 69) verhindere, so Klüger, das Hineinfühlen in die Opferperspektive. Zudem würde durch die Gedenkstätten die Erinnerung an die Mord-Maschinerie eingegrenzt, an bestimmten Orten festgemacht und somit aus dem direkten Umfeld, dem Alltagsleben der Menschen, verbannt und die so wichtige Thematisierung gefährdet.[138]

Die „Lagerliteratur" der jüdischen Autoren, die in ihren Autobiographien und Tagebüchern über die schlimmsten Jahre ihres Lebens berichten, ist in gewisser Hinsicht nicht weniger problematisch. Ein gutes Beispiel hierfür bietet etwa *Das Tagebuch der Anne Frank*, in dem das jüdische Mädchen nach all den durchlebten Erfahrungen der Ent-

---

[138] Vgl. Krauß, Andrea: „Dialog und Wörterbaum. Geschichtskonstruktionen in Ruth Klügers *weiter leben. Eine Jugend* und Martin Walsers *Ein springender Brunnen*", S. 74.

menschlichung ihr naiv optimistisches und gerade dadurch erschütterndes Fazit nieder-
schreibt: „Trotz allem glaube ich immer noch, dass die Menschen im Grunde gut sind."
Die Schilderungen Anne Franks sind derart bewegend, dass durch das Mitleid mit dem
kleinen Mädchen der Leser fast schon eine Läuterung erfährt.[139] Diese anteilnehmende
Haltung lehnt Ruth Klüger in Bezug auf ihr Werk kategorisch ab. Sie verzichtet in ihrer
Erzählung auf eine detaillierte Schilderung der Gaskammern und andere schreckliche
Einzelheiten, damit der Leser nicht in Versuchung gerät, sich mit der Autorin zu identi-
fizieren, um damit der Konfrontation mit dem möglichen persönlichen Schuldanteil an
diesem Schicksal aus dem Weg zu gehen.[140]

> Ihr müßt euch nicht mit mir identifizieren, es ist mir sogar lieber, wenn ihr es
> nicht tut; und wenn ich euch »artfremd« erscheine, so will ich auch das hin-
> nehmen (aber ungern) und, falls ich euch durch den Gebrauch dieses bösen
> Wortes geärgert habe, mich dafür entschuldigen. Aber laßt euch doch min-
> destens reizen, verschanzt euch nicht, sagt nicht von vornherein, das gehe
> euch nichts an oder es gehe euch nur innerhalb eines festgelegten, von euch
> im voraus mit Zirkel und Lineal säuberlich abgegrenzten Rahmens an, ihr
> hättet ja schon die Photographien mit den Leichenhaufen ausgestanden und
> euer Pensum an Mitschuld und Mitleid absolviert. Werdet streitsüchtig,
> sucht die Auseinandersetzung. (WL 142)

Der Holocaust-Literatur wird allgemein ein gewisses Pathos nachgesagt, sei es auf der
Seite der nicht-jüdischen wie auch der jüdischen Autoren. Erstere nähern sich der Thematik oft mit einer Ehrfurcht, einem Pathos, der das Geschehene in weite Ferne rücken
lässt und dadurch der Shoah ihren Stellenwert in der alltäglichen Gegenwart abspricht.
Die Opfer werden oft, wie beispielsweise in den Werken Heinrich Bölls, „sakralisiert",
die Täter „dämonisiert" (WL 159). Dementsprechend wird eine Nische geschaffen, die
es den nachfolgenden Generationen ermöglicht, sich von der Problematik abzugrenzen.
Doch auch die jüdischen Autoren schaffen mit ihren Werken oft diese Distanz, die ein
aufrichtiges Gedenken an die Opfer des nationalsozialistischen Regimes verhindert.
Jene Autoren, die Auschwitz am eigenen Leib erfahren mussten, schließen den Leser,
aufgrund der Diskrepanz im Hinblick auf ihre eigenen Erfahrungshorizonte, meistens
als ebenbürtige Gesprächspartner aus und unterbinden somit von Anfang an einen für
die Aufarbeitung förderlichen Dialog. Ruth Klüger unterscheidet sich mit ihrem Werk
weiter leben grundlegend von diesen Autoren. Ihr Stichwort lautet Aufklärung. Sie fordert eine aufrichtige Beschäftigung mit dem Thema, anstatt vor pauschalisierenden

---

[139] Heidelberger-Leonard, Irene: „Ruth Klüger *weiter leben* - ein Grundstein zu einem neuen Auschwitz-
»Kanon«?", S. 158.
[140] Vgl. Bos, Pascale R.: *German-Jewish Literature in the wake of the Holocaust. Grete Weil, Ruth
Klüger, and the politics of address*, S. 79.

Begriffen wie „dem Entsetzlichen", wie etwa Walser sie benutzt, vor Schreck zu verstummen. Ihre Autobiographie soll als Möglichkeit verstanden werden, sich ein aufrechtes Bild von jener Zeit zu machen. Klüger richtet sich auf eine offene, ebenbürtige, humorvolle Art an den Leser, um ihre Sichtweise dieses quantitativ unendlich diskutierten Kapitels der deutschen Geschichte zu schildern (WL 159). Ihr geht es um die Einbindung des Lesers in ihre Erfahrungen, sie begegnet ihm auf Augenhöhe, grenzt sich allerdings gleichzeitig von ihm ab. Ihr Werk soll entgegen allen Auffassungen nicht als Versöhnungsangebot verstanden werden. „Auschwitz war nicht auf einem fremden Planeten gewesen, sondern eingebettet in das Leben" (WL 145) und aus diesem Grund fordert sie „Auschwitz vom Podest herunterzuholen und in einen Alltagsdiskurs ein[zubinden], wo sich ihm niemand entziehen kann."[141] Für die Zukunft der Erinnerung bedeutet das, dass nur eine Entschleierung des Geschehenen, nur das Erfragen der Gründe, eine Wiederholung von Auschwitz verhindern kann.

Die Autorin kritisiert im gegenwärtigen deutschen Gedenken vor allem die Beschränkung auf die Zahl der Ermordeten. Denn die Verschiebung der Beschäftigung mit dem Holocaust in den Alltagsdiskurs bedeute auch, sich für die überlebenden Opfer nach 1945 zu interessieren, für ihre Erfahrungen, für ihre Sichtweise, kurz, ihnen Gehör zu verschaffen.

Ruth Klügers Autobiographie grenzt sich in vieler Hinsicht von der herkömmlichen Holocaust-Literatur ab. In Abgrenzung zu Martin Walser, der seine Memoiren frei von jeglicher Anforderung in der Gegenwart gelesen haben will, verfolgt Klüger in der Niederschrift eine klare Botschaft. Ihre Autobiographie richtet sich explizit an die Deutschen und soll als eine Art Wegbereitung für einen Dialog zwischen Juden und Deutschen fungieren. Die Erfüllung dieses Herzenswunsches erfordert mit Sicherheit eine andere Erzählweise, als sie der herkömmlichen Holocaust-Literatur eigentümlich ist. Dies mag einer der Gründe sein, warum die von der Autorin gewählte Erzählweise sich auf so drastische Art und Weise von anderer Shoah-Literatur unterscheidet. Ruth Klüger schildert die Erinnerungen ihrer Kindheit und Jugend frei von jeglichem Pathos. Sie rechnet nicht mit der Empathie ihrer Leser, sondern mit einer ehrlichen Auseinandersetzung mit der Thematik. Dennoch ist die Übermittlung ihrer Botschaft nicht ausschließlich der Grund für diese Art der nüchternen Erzählform. Klüger präzisiert immer wie-

---

[141] Heidelberger-Leonard, Irene: „Ruth Klüger *weiter leben*- ein Grundstein zu einem neuen Auschwitz-»Kanon«?", S. 163.

der, in Wien und nicht in Auschwitz geboren zu sein. Zwar würde Auschwitz eine bedeutende Komponente für den Verlauf ihres Lebens spielen, jedoch sei ihr Leben nicht auf diesen Ort zu reduzieren.[142] Dies veranschaulicht auch der Aufbau ihrer Autobiographie, in der die Zeit in den Lagern neben den anderen Lebensstationen Erwähnung findet.

2.3.5 Diskrepanz zwischen der Notwendigkeit und der Unmöglichkeit der sprachlichen Ausdruckskraft nach 1945

> There is nothing to express, nothing with which to express, nothing from which to express, no power to express . . . together with the obligation to express.[143]

Diese Worte Samuel Becketts zeigen die Diskrepanz zwischen der Notwendigkeit, die Unvergleichlichkeit der Verbrechen zum Ausdruck zu bringen, und der Unmöglichkeit, es tatsächlich zu tun. Die Problematik liegt darin, eine Sprache für die Grausamkeit des Erlebten zu finden, denn die vertraute Sprache hat, ebenso wie die Menschen, auf extreme Weise unter dieser Zeit gelitten. Die Vielzahl an menschenverachtenden Parolen und die zum Mord aufrufenden Befehle haben Millionen von Menschen ihre letzte Würde entzogen und diese primär begangenen Entmenschlichungen erfolgten durch das Medium der Sprache.

Auch die Autobiographie, die *per definitionem* „die Beschreibung des Lebens eines Einzelnen durch diesen selbst"[144] ist, ist als erzählerisches Unterfangen ebenso erschüttert wie die Sprache.

Diese literarische Gattung versucht den Lebensweg eines Menschen darzustellen, seine Entwicklung darzulegen, um aufzuzeigen, wie er wurde, was er ist. Damit ist die klassische Autobiographie jenen der Shoah-Überlebenden diametral entgegengesetzt. Es geht bei Letzteren vielmehr um das Aufzeigen der eigenen Zerrüttung, denn die Autoren verlieren die Kontrolle über das Schreiben, die Erzählung gerät aus dem Gleichgewicht, weil das Erlebte von einer derartigen, nie zuvor konfrontierten Grausamkeit zeugt, dass es mit der vertrauten Sprache nicht zum Ausdruck gebracht werden kann.

---

[142] Vgl. Hofmann, Michael: „Epik nach Auschwitz im Gedächtnisraum ohne Auschwitz. Martin Walsers Erinnerungspoetik in *Ein springender Brunnen* und Ruth Klügers *weiter leben*, S. 337.

[143] Rosenfeld, Alvin H.: *A double dying. Reflections on Holocaust Literature*, Indiana University Press, Londond 1980, S. 8.

[144] Misch, Georg: *Geschichte der Autobiographie*, Band 1, Bern 1947, S. 7.

Ruth Klüger versucht ihre Autobiogrpahie von diesem negativ konnotierten Sprachbegriff abzusetzen. Die Sprache in *weiter leben* steht für das Prinzip Hoffnung. Während der Zeit in den Lagern von Theresienstadt, Christianstadt und Auschwitz keimte in Ruth Klüger immer wieder die Hoffnung auf, vielleicht doch auf eine vernünftige Art und Weise mit den Nazis reden zu können, würde sie die richtigen Worte finden, um dem Albtraum ein Ende zu setzen (vgl. WL 20).

Die Sprache fungiert als Rettungsanker, sie „stiftet ein Gegengewicht zum Chaos, hält ihm ein sprachliches Ganzes, Gereimtes entgegen."[145]

Im Lager, in dem Ruth Klüger alles Persönliche weggenommen wurde, in dem sie nichts mehr als eine Nummer war, ist die Sprache das Einzige geblieben, was für ihre persönliche Individualität steht, das Letzte, an das sie sich festklammern konnte. Das Aufsagen von Gedichten half ihr die unendlichen Wartezeiten des Strammstehens zu überwinden und gewährte ihr für einen kurzen Moment die Flucht in eine andere Welt. Auf der anderen Seite reichte ein Wort aus der verrohten Nazi-Sprache, um das Mädchen in die harte Realität zurückzuwerfen. Wie sehr die Sprache auch unter dieser Zeit gelitten haben mag, sie steht für das Leben.

Die Sprache, als Grundlage der Kommunikation, gilt als wichtigstes Mittel die Wiederholung von Auschwitz zu verhindern. Nur durch die sprachliche Verständigung, durch Aufklärung, kann den nachfolgenden Generationen vermittelt werden, welche Gefahren es für die Zukunft zu vermeiden gilt.

2.3.6 Die Rezeption der deutschen Gesellschaft – Annahme des Dialogangebots?

Ruth Klügers Autobiographie fand beim deutschen Publikum enormen Zuspruch. Kurze Zeit nach der Veröffentlichung erreichte ihr Lebensbericht Bestsellerstatus und wurde mit sechs Preisen ausgezeichnet, darunter der Grimmelshausen-Preis. Die Rezeption konnte positiver nicht ausfallen, in sämtlichen Rezensionen wurde w*eiter leben. Eine Jugend* als literarisches Meisterwerk gewürdigt. Damit liegt die Vermutung nahe, Klüger habe ihr Ziel der Aufnahme eines Dialoges zwischen den jüdischen und den nichtjüdischen Deutschen erreicht. Aber der einstimmige Beifall der Leserschaft kommt

---

[145] Körte, Mona: „Der Krieg der Wörter. Der autobiographische Text als künstliches Gedächtnis.", in: Berg, Nicolas; Jochimsen, Jess; Stiegler, Bernd (Hgg.): *Shoah. Formen der Erinnerung. Geschichte, Philosophie, Literatur, Kunst,* Wilhelm Fink Verlag, München 1996, S. 201-215, hier S. 202ff.

Klügers Forderung nach einer intensiven Auseinandersetzung mit der Thematik in keiner Hinsicht nach. Vielmehr zeugt er von einer erneuten Ablehnung, sich mit der Vergangenheit des eigenen Landes zu beschäftigen, indem Vorschläge von jeder Seite dankend angenommen werden, weil es einem die persönliche Beschäftigung mit dem Geschehenen erspart. Heidelberger-Leonard findet eine sehr treffende Formulierung für die deutsche Reaktion auf Klügers Lebensbericht:

> Man applaudiert, wo man sich wiedererkennt, und liest darüber hinweg, wo sich Trennendes nicht in den eigenen Vorstellungshorizonten einordnen läßt, wo sich Alterität als Alterität reklamiert. [...] Man schwelgt in der Identifikation mit dem Opfer und entzieht sich damit der Hinterlassenschaft der Tätergeschichte.[146]

weiter leben wurde, wie die meisten Lebensberichte von KZ-Überlebenden, in der Rezeption als *success story* wahrgenommen, als Geschichte mit einem Happy End, da die Autorin augenscheinlich nicht zu den sechs Millionen Toten gehört, die das Nazi-Regime gefordert hat. Eine solche Rezeption missachtet die schwere Last, die die Überlebenden tragen, die Hoffnungslosigkeit, das Vergangene je aufarbeiten zu können. Ruth Klüger nennt in einem von Renata Schmidtkunz geführten Interview die Belastung, „[das Vergangene] im Leben nicht mehr auf[zu]arbeiten, im Leben nicht zurande [zu] kommen mit diesen Erinnerungen."[147] Die Aufnahme eines Dialoges zwischen den Deutschen und den Juden wäre für Ruth Klüger die Möglichkeit, die Aufarbeitung der eigenen Vergangenheit ein Stück voranzutreiben.

2.4. Günter Grass: *Im Krebsgang*

2.4.1 *Im Krebsgang* als perspektivische Novelle in Bezug auf die Täter-Opfer-Problematik

Günter Grass' Novelle *Im Krebsgang* erschien im Jahr 2002. Erzählt wird die Versenkung des KdF[148]-Schiffes Wilhelm Gustloff am 30. Januar 1945 durch ein sowjetisches Unterseeboot. Auf dem Gustloff-Schiff befanden sich Tausende von deutschen Flüchtlingen, die nach Kriegsende ihre Heimat im Osten verlassen mussten und auf dem sinkenden Schiff ihr Leben verloren. Zu den Überlebenden der Katastrophe zählt die Pro-

---

[146] Heidelberger-Leonard, Irene: „Ruth Klüger *weiter leben* - ein Grundstein zu einem neuen Auschwitz-»Kanon«?", S. 166.
[147] Schmidtkunz, Renata: *Im Gespräch. Ruth Klüger*, Mandelbaum Verlag, Wien 2008, S. 21.
[148] Abkürzung der nationalsozialistischen Organisation: „Kraft durch Freude".

tagonistin Tulla Pokriefke, die ihren Sohn Paul, der spätere Ich-Erzähler, auf dem sinkenden Schiff gebar. Die Thematisierung des Leids der Deutschen nach dem Zweiten Weltkrieg, ein bis dahin, aus Gründen der politischen Korrektheit, weitestgehend tabuisiertes Thema, ließ die Vermutung aufkommen, der linke Intellektuelle Grass hätte die politische Seite gewechselt. Doch eine nähere Betrachtung der *Krebsgang*-Novelle zeigt, dass die eigentliche Hauptthematik des Werks sich nicht so sehr auf das historische Ereignis an sich bezieht, sondern vielmehr auf die Fragen zu der kollektiven und individuellen Erinnerung, zu der Problematik, die Vergangenheit narrativ darzustellen,[149] sowie auf die Frage, welche Bedeutung der Vergangenheitsüberlieferung über mehrere Generationen hinweg zukommt.

Ähnlich wie die Autobiographie Ruth Klügers besteht Grass' Novelle aus einem komplexen Gefüge aus verschiedenen Erzählebenen und Erzählsträngen. Wie in w*eiter leben* haben sie die Funktion, auf die Problematik der narrativen Darstellung von Vergangenheit hinzuweisen.[150]

Die Thematisierung des Leids der deutschen Flüchtlinge nach dem Zerfall des Dritten Reiches fand im Großen und Ganzen positive Kritik.[151] Besonders die Kritiker, die den Anschluss der DDR an die Bundesrepublik als Schlussstrich unter die nationalsozialistische Vergangenheit Deutschlands sahen, lobten Grass für sein „seit langem wichtigste[s] Buch"[152]. Andere kritisierten an der Novelle vor allem die Verschiebung von der Opfer- zur Täterperspektive, mit der Grass' eine angebliche Normalisierung der Holocaust-Verbrechen beabsichtigen würde. Im Folgenden wird zu diskutieren sein, ob diese Rezeptionen der Novelle gerecht werden. Geht es dem Autor darum, das deutsche Leiden nach dem Ende des nationalsozialistischen Regimes in das Bewusstsein der Gesellschaft zu rücken? Oder beabsichtigt er nicht eher die Gründe für den zweiten Untergang des Gustloff-Schiffes (nämlich dessen Untergang in der Erinnerung[153]) ausfindig zu machen und damit die geschichtliche Rekonstruktion eines solchen historischen Ereignisses und seiner Bedeutung für die Zukunft zu akzentuieren?

---

[149] Vgl. Paaß, Michael: *Kulturelles Gedächtnis als epische Reflexion. Zum Werk von Günter Grass*, Aisthesis Verlag, Bielefeld 2009, S. 420.
[150] Vgl. ebd., S. 422.
[151] Vgl. Jablkowska, Joanna: „...Weil und wieder einmal die Vergangenheit auf die Schulter klopft." Von den (vergeblichen?) Versuchen, den Fremden zum Freund zu machen. Günter Grass' *Im Krebsgang* im Lichte seiner Publizistik", S. 236.
[152] Zimmermann, Harro: *Güner Grass unter den Deutschen. Chronik eines Verhältnisses*, Steidl Verlag, Göttingen 2006, S. 607.
[153] Ebd., S. 608.

2.4.2 Der Krebsgang als Metapher für Grass' Erinnerungsmodell

Das titelgebende Motiv des „Krebsgangs" steht für die unternommene Erzählstrategie in der Novelle. Die Narration folgt nicht einer geradlinigen Chronologie, vielmehr greift der Erzähler in der Zeit vor, dann wieder zurück und führt die drei Haupterzählstränge immer wieder zusammen. Er setzt sie zueinander in Relation, so wie es die Erzählung gerade fordert, und kommt damit „der Zeit eher schrägläufig in die Quere" (KG 8)[154]. Durch diese Verschachtelungen auf der Erzählebene wird der konstrukthafte Charakter der Vergegenwärtigung der Vergangenheit betont.

In der *Krebsgang*-Novelle werden die retrospektiven Erinnerungseindrücke durch die verschiedenen Erzählerinstanzen immer wieder von der höher stehenden Autoreninstanz auf meta-narrativer Ebene reflektiert. Vor allem am Anfang jedes der neun Kapitel kommt diese meta-narrative Ebene durch die Kommunikation zwischen dem Ich-Erzähler Paul Pokriefke und dem „Alten", hinter dem sich unverkennbar der Autor Grass selbst versteckt, zum Ausdruck.[155] Der Einschub des Autors in die Erzählung ist ein von Günter Grass häufiger verwendeter erzählstrategischer Kunstgriff. Dennoch unterscheidet sich die Erzählstrategie in der Novelle von den anderen Grass'schen Werken, da der Autor nicht als Ich-Erzähler in Erscheinung tritt. Paul Pokriefke scheint dem Autor als Sprachrohr für die Geschichte, die ihm selber „nicht von der Hand gegangen" (KG 77) ist, besonders geeignet, da er auf dem untergehenden Wilhelm-Gustloff-Schiff das Licht der Welt erblickt hat. Dennoch tritt er in der Gestalt von Pokriefkes Auftraggebers in der Erzählung immer wieder auf, indem er durch eingeschleuste Kommentare die Erzählstrategie seines Schreibers in eine bestimmte Richtung zu lenken sucht:

> Jetzt wird mir geraten, mich kurz zu fassen, nein, mein Auftraggeber besteht darauf. Da es mir ohnehin nicht gelinge, das tausendmalige Sterben im Schiffsbauch und in der eisigen See in Worte zu fassen, ein deutsches Requiem oder einen maritimen Totentanz aufzuführen, solle ich mich bescheiden, zur Sache kommen. Er meint, zu meiner Geburt. (KG 139)

Das Interesse des Ich-Erzählers für seinen neu gewonnenen Auftrag, das zu Beginn etwas dürftig ausfiel, steigerte sich erst durch die Entdeckung der rechtsradikalen Internetseite »www.blutzeuge.de«, auf der die Gustloffgeschichte aus neonationalsozialistischer Perspektive geschildert wird, und lenkte von diesem Zeitpunkt an Pokriefkes volle

---

[154] Im Folgenden wird das Sigle KG verwendet für alle Zitate aus: Grass, Günter: *Im Krebsgang*, Deutscher TaschenBuch Verlag, München 2009.
[155] Vgl. Paaß, Michael: *Kulturelles Gedächtnis als epische Reflexion. Zum Werk von Günter Grass*, S. 422f.

Aufmerksamkeit auf das Thema. Dass sich hinter dem Neonazi aus dem Internet Paul Pokriefkes eigener Sohn verbirgt, erfährt der Leser erst gegen Ende der Novelle.

Die erste Erzählebene der Novelle bezieht sich auf die Recherchearbeiten des Ich-Erzählers, die zweite auf den verfassten Bericht über die Schiffskatastrophe. Pokriefke unternimmt für seine Geschichte einen analeptischen Sprung, indem er an den Anfang seiner Erzählung die Geburt von Wilhelm Gustloff im Jahr 1895 setzt. Damit umfasst sein Bericht eine erzählte Zeit von etwa hundert Jahren und geht damit mit dem von Assmann beschriebenen Zeitraum des *kommunikativen Gedächtnisses* einher.[156] Insgesamt können drei verschiedene Stränge in der Erzählung voneinander unterschieden werden: die Geschichte des Mörders von Wilhelm Gustloff, David Frankfurter, die der neonationalsozialistischen Stilikone Gustloff sowie die Geschichte um den U-Boot-Kommandanten Marinesko, der für die Versenkung des Schiffes am 30. Januar 1945 als verantwortlich gilt. Diese drei Erzählkomponenten werden vom Berichterstatter immer wieder zusammengeführt:

> Um die Zeit, als David Frankfurter von Bern nach Davos unterwegs war, befand sich Wilhelm Gustloff auf Organisationsreise. [...] Um die Zeit der Eisenbahnreise des rauchenden Studenten, der in Bern eine einfache, keine Hin-und Rückfahrkarte verlangt hatte, und während sich der spätere Blutzeuge im Dienst seiner Partei bewährte, hatte der Schiffsmaat Alexander Marinesko bereits von der Handelsmarine zur Schwarmeer-Rotbannerflotte gewechselt, in deren Lehrdivision er an einem Navigationskurs teilnahm und dann zum U-Bootfahrer ausgebildet wurde. (KG 22 f.)

Die Zusammenführung der Erzählstränge ist besonders im Hinblick auf das Gedächtnis von Bedeutung, da durch die Darstellung der verschiedenen Perspektiven die Ebene der Gegenwart betont wird, anhand derer die Geschichte des Gustloff-Schiffes rekonstruiert wird. Dadurch wird, im Assmann'schen Sinn, die Vergangenheit als Konstruktion der Gegenwart entlarvt.[157]

Die Schiffskatastrophe bildet den Haupterzählstrang, sie markiert die *unerhörte Begebenheit*, die der Erzählung ihren Novellencharakter verleiht. Allerdings wird sie durch zwei weitere Ereignisse erweitert, den Mordanschlag auf Wilhelm Gustloff durch David Frankfurter und, auf der Gegenwartsebene, den an dieser Tat inspirierten Rachemord an David Stremplin durch den Sohn des Ich-Erzählers. Die Linie der Gewaltausschreitungen auf den drei Erzählebenen schafft eine direkte Verbindung zwischen Vergangenheit

---

[156] Vgl. Paaß, Michael: *Kulturelles Gedächtnis als epische Reflexion. Zum Werk von Günter Grass*, S. 425f.
[157] Ebd., S. 427.

und Gegenwart. Zudem wird die Bedeutung der Vergangenheit für die Gegenwart hervorgehoben, wenn sich der Gedenkkult um Wilhelm Gustloff darin widerspiegelt, dass Paul Pokriefkes Sohn nach dem Mord an David auf der Internetseite „www.kameradschaft-konrad-pokriefke.de" als rechtsradikale Stilikone verehrt wird. Dieser direkte Gegenwartsbezug durch die neonationalsozialistische Perspektive von Konrad Pokriefke, Anhänger der Enkelgeneration, verdeutlicht, wie wichtig die Auseinandersetzung mit dem Dritten Reich über sechzig Jahre nach dessen Verfall noch bleibt und welche Bedrohung auch in der gegenwärtigen Zeit noch von jener Ideologie ausgeht.[158]

Wie Michael Paaß bemerkt, ist in Bezug auf die Erinnerungskultur die Grass'sche Novelle besonders bedeutsam, da sie die „vielfältigen Erinnerungsstrategien, Gedenkhandlungen und medialen Formen[159] des Memorierens reflektiert"[160]. Grass demonstriert mit seiner Erzählstrategie, mit den unterschiedlichen Perspektiven auf ein gemeinsames historisches Ereignis, den Stellenwert des kulturellen Gedächtnisses sowie die kulturwissenschaftliche Annahme, nach der die Erinnerung die Vergangenheit nicht objektiv widerspiegeln kann, weil die Darstellung von einer Vielzahl an Faktoren mitbestimmt wird, unter anderem von den sozialen Rahmenbedingungen der verschiedenen Individuen, die sich erinnern und zusammen das kollektive Gedächtnis bilden.

Auch die von Aleida und Jan Assmann formulierte Notwendigkeit von Riten für die Aufrechterhaltung des Gedenkens eines bestimmten historischen Ereignisses kommt *Im Krebsgang* deutlich zum Ausdruck. Anlässlich eines Überlebendentreffens der Schiffskatastrophe in Damp wird der Enkel von Tulla Pokriefke, der Mutter des Ich-Erzählers, als Hoffnungsträger gefeiert, der die Erinnerung weiterleben lässt und an die kommenden Generationen tradiert: „In ihn setzte man die Hoffnung. Von unserem Konny wurde Zukünftiges erwartet. Er, war man sich sicher, werde die Überlebenden nicht enttäuschen." (KG 96)

Aus kulturwissenschaftlicher Perspektive stellt Konrad Pokriefke den *Erinnerungsträger* dar, der die Erinnerung über den Rahmen des *kommunikativen Gedächtnisses* hinaus in das zeitlich unbegrenzte *kulturelle Gedächtnis* transportiert.[161]

---

[158] Vgl. Paaß, Michael: *Kulturelles Gedächtnis als epische Reflexion. Zum Werk von Günter Grass*, S. 429.
[159] Die Rolle der Medien für den unmittelbar bevorstehenden Übergang vom Erfahrungsgedächtnis der Zeitzeugen in ein zukünftiges mediales Gedenken an die Opfer des Dritten Reiches wird im Kapitel 2.4.5 näher erläutert.
[160] Paaß, Michael: *Kulturelles Gedächtnis als epische Reflexion,* S. 429.
[161] Vgl. ebd., S. 430.

Günter Grass' Novelle zeichnet allerdings nicht ausschließlich die narrative Einbindung der verschiedenen Zeitebenen aus, sondern vielmehr auch die Aufzeigung der verschiedenen Gedächtnismedien, insbesondere der Neuen Medien, die den Erinnerungsprozess erheblich mitbestimmen. Kirsten Prinz sieht die Besonderheit der Novelle in „[der] listige[n] Durchkreuzung etablierter Erzählmuster, [der] Durchbrechung von Zeitebenen und eindeutigen medialen Zuschreibungen"[162].

2.4.3 Die Erinnerung der ersten Generation – Täter als Opfer?

Als Vertreterin der ersten Generation, der Generation der Zeitzeugen, fungiert Tulla Pokriefke, die Mutter des Ich-Erzählers und eine Figur, die dem Leser bereits in anderen Werken Grass' begegnet ist, beispielsweise in dem Roman *Hundejahre* aus der Danziger Trilogie. Während in *Hundejahre* die Protagonistin an mehreren nationalsozialistischen Verbrechen beteiligt ist[163], wird ihre Täterschaft in der Novelle weitestgehend verschwiegen. Tulla Pokriefkes Beschäftigung mit der Vergangenheit beschränkt sich ausschließlich auf den Untergang des Wilhelm-Gustloff-Schiffes und damit auf das tragische Schicksal der deutschen Ostflüchtlinge nach dem Zerfall des Dritten Reiches. Die fanatisch anmutende Lebensaufgabe, diese Geschichte durch ihren Sohn Paul im kulturellen Gedächtnis zu verankern[164], lenkt von ihrer Täterschaft unter dem nationalsozialistischen Regime ab. Von klein auf wird der Sohn jeden Sonntag bei Tisch mit dem tragischen Schicksal der ertrunkenen Flüchtlinge konfrontiert, mit der Absicht der Mutter, dass ihr Sohn, als Überlebender, die Gustloff-Geschichte niederschreiben wird und sie damit für die nachfolgenden Generationen verewigt. Die ständige Thematisierung des „ewigwährenden Untergangs" (KG 33) erreicht bei ihrem Sohn nicht das gewünschte Ziel, zu sehr ist sich dieser bewusst, dass „[...] die Wahrheit kaum mehr als drei Zeilen [andauern kann]" (KG 7). Als Tulla Pokriefke sich bewusst wird, dass ihr Sohn, in ihren Augen ein eindeutiger Versager, ihr bei der Erfüllung ihrer Lebensaufgabe nicht behilflich sein wird, legt sie ihre Hoffnung in den Enkelsohn, Konrad, der, zum Bedau-

---

[162] Prinz, Kirsten: „Mochte doch keiner was davon hören"- Günter Grass' *Im Krebsgang* und das Feuilleton im Kontext aktueller Erinnerungsdebatten." In: Erll, Astrid; Nünning, Ansgar (Hgg.), *Medien des kollektiven Gedächtnisses. Konstruktivität - Historizität - Kulturspezifität*, De Gruyter Verlag, Berlin 2004, S. 179-195, hier S. 187.
[163] z.B. an dem Mordanschlag an Jenny sowie an der Deportation des Adoptivvaters, des Zigeuners Oswald Brunies.
[164] „Ech leb nur noch dafier, dass main Sohn aines Tages mecht Zeugnis ablegen".

ern seines Vaters, ihr Gerede wie „ein Schwamm [...] aufgesogen haben [muss]" (KG 44).

Das Motiv der Täterin findet sich in Grass' Novelle insofern wieder, als dass die eigene Täterschaft von der Protagonistin zwar verdrängt wird, sich aber dennoch in Form der „psychischen Gewalt"[165], die sie auf ihren Sohn und den Enkelsohn ausübt, manifestiert. Diese psychische Gewalt spiegelt sich in Pauls Kindheitserinnerungen wider, wenn er erzählt, wie die Mutter ihn ein Leben lang mit ihren traumatischen Erinnerungen „gelöchert" (KG 31) hat. Nachdem sich herausgestellt hat, dass Paul als Erinnerungsgarant untauglich ist, macht sie Konrad zum Opfer ihres Fanatismus'.[166] Dadurch kann der Protagonistin durchaus auch eine Mittäterschaft an der Ermordung von David Stremplin durch den Enkelsohn zugeschrieben werden. Die vielsagenden Pläne, die sie in Bezug auf Konrad hat, der Computer, den sie ihm schenkt sowie die von ihr zur Verfügung gestellte Tatwaffe legen eine aktive Rolle von Tulla Pokriefke an dem Verbrechen nahe.[167]

Ein eindrucksvolles Beispiel für die von Tulla Pokriefke ausgeklammerten Schuldverstrickungen im nationalsozialistischen Regime liefert die von der Protagonistin unternommene Heimwehfahrt, eine von einer Reiseagentur angebotene Reisebustour für die Heimatvertriebenen. Obwohl die Reise in die ehemalige Heimat die Täterin durchaus mit ihren damaligen Machenschaften unter dem Nazi-Regime konfrontieren musste, sind ihre Gedanken ausschließlich auf die Opfer des Gustloff-Untergangs fixiert: „Och in Gotenhafen bin ech jewesen, allein. Ungefähr da, wo se ons ainjeschifft ham. Hab mir in Jedanken vorjestellt alles, och all die Kinderchen mittem Kopp nach unten in dem eisigen Wasser." (KG 206) Ihre Aussage in Bezug auf den Schiffsuntergang: „Kann man nich vergässen, sowas. Das heert nie auf. Da träum ech nich nur von, wie, als Schluß war, ain ainziger Schrei ieberm Wasser losjing" (KG 57) sowie ihr „Binnnichtzuhausegesicht" (KG 50), immer wenn der Sohn Fragen über die Vergangenheit stellt, lässt den Leser im Unwissen darüber, ob ihr eigenes Verhalten im Nazi-Regime im gleichen Maß an ihr nagt wie die Gustloff-Geschichte.

---

[165] Paaß, Michael, *Kulturelles Gedächtnis als epische Reflexion*, S. 442.
[166] Vgl. Paaß, Michael, *Kulturelles Gedächtnis als epische Reflexionen*, S. 442.
[167] Vgl. ebd., S. 443.

Wie bereits angesprochen, geriet Grass wegen einer angeblichen Verschiebung der Opfer-Täterperspektive in seiner Novelle in die Kritik. Die Thematisierung des Leids der Täter am Ende des Zweiten Weltkrieges galt über viele Jahre hinweg als Respektlosigkeit gegenüber den Millionen Opfern des nationalsozialistischen Regimes und wurde aus Gründen der politischen Korrektheit weitestgehend tabuisiert. Günter Grass, als Anhänger der Zeitzeugen-Generation, lässt durch die Gestalt des „Alten" durchblicken, dass diese jahrelange Tabuisierung hätte vermieden werden müssen:

> Eigentlich, sagt er [der Alte], wäre es Aufgabe seiner Generation gewesen, dem Elend der ostpreußischen Flüchtlinge Ausdruck zu geben [...]. Niemals, sagt er, hätte man über so viel Leid, nur weil die eigene Schuld übermächtig und bekennende Reue in all den Jahren vordringlich gewesen sei, schweigen, das gemiedene Thema den Rechtsgestrickten überlassen dürfen. Dieses Versäumnis sei bodenlos [...] (KG 99)

Die jahrelange Tabuisierung der Gustloff-Geschichte „nagt" (KG 99) an Günter Grass, allerdings nicht aus den Gründen, die die Kritiker dem Autor vorwerfen. Er thematisiert das Leid der deutschen Flüchtlinge nicht, um von der Schuld der Tätergeneration abzulenken, sondern um zu verdeutlichen, wie durch die Familie Pokriefke eindrucksvoll veranschaulicht wird, welchen Einfluss die unverarbeiteten Traumata eines Menschen auch noch Jahrzehnte später auf die nachfolgenden Generationen ausüben können. Von einer Täter-Opfer-Verschiebung kann insofern nicht die Rede sein, als dass Tulla Pokriefke nicht als Opfer dargestellt wird. Obwohl die Protagonistin fortwährend versucht sich als solches darzustellen und die eigene schuldbelastete Vergangenheit auszuklammern, bleibt Letztere dennoch durch seltene, allerdings durchaus vorhandene Hinweise in der Novelle ständig präsent.

2.4.4 Die Erinnerung der zweiten und der dritten Generation – polare Reaktionen auf die Abgrenzung von der Zeitzeugen-Generation

Paul Pokriefkes Abneigung gegen die von der fanatischen Mutter fortwährend thematisierte Gustloff-Geschichte klingt erst durch seine Konfrontation mit der von seinem Sohn im Internet dargestellten Version der Geschichte ab und bewegt ihn zur Niederschrift. Die mündlichen Überlieferungen der Mutter an den Sohn haben nicht das gewünschte Ziel erreicht, erst durch die Manipulierung des Enkelsohnes gelang die Verankerung des historischen Ereignisses im kulturellen Gedächtnis.[168] Britta Gries sieht

---

[168] Vgl. Paaß, Michael: *Kulturelles Gedächtnis als epische Reflexion*, S. 445.

dieses Phänomen als „stillen Generationenkonflikt". Als Grund für diesen Konflikt kann ein „Abgrenzungsbedürfnis" gegenüber der Elterngeneration gelten[169], da jede Generation eine „generationsspezifische Identität"[170] entwickeln möchte und damit durch den Thematisierungszwang der Elterngeneration eine resignierende Haltung einnimmt.[171]

Am Beispiel der missglückten Erinnerungsüberlieferung in der Familie Pokriefke zeigt Grass die Bedeutung der Weitergabe, vor allem der aufklärerischen Weitergabe der Erinnerung an die nachfolgenden Generationen. Doch auch aus Gründen der Aufklärung ist die Überlieferung wichtig. Konrad Pokriefke wurde von klein auf mit der Geschichte des Wilhelm-Gustloff-Schiffes konfrontiert, allerdings nicht auf eine aufklärerische Art und Weise. Die Geschichte nahm für den Jungen einen mystischen Charakter an, da vom Vater das Thema vollkommen tabuisiert wurde, von der Großmutter zwar fortwährend thematisiert, allerdings in einer nicht aufklärerischen, sondern verklärenden Form.[172] Diese Form der Vergangenheitsübermittlung provozierte in Konrad Pokriefke eine extreme Verblendung und bewegte ihn zu der schrecklichen Tat.

2.4.5 Die Bedeutung der Neuen Medien für die Erinnerungskultur

Die Bedeutung der neuen Technologien für die Zukunft der Erinnerungskultur, wie sie auch in *Im Krebsgang* dargestellt wird, wurde bereits angesprochen. Tatsächlich unterliefen die neuen Technologien in den letzten Jahren eine schnelle Entwicklung und sind zu einem festen Bestandteil des sozialen Rahmens zahlreicher Menschen geworden. Ihre Auswirkungen auf das kulturelle Gedächtnis bedeutsam. Aleida Assmann geht soweit zu behaupten, dass „die Massenmedien [...] heute die wahren Medien des kulturellen Gedächtnisses [darstellen würden]"[173].

---

[169] Britta Gries hat dieses Phänomen in Bezug auf die dritte Generation, die sogenannte Enkelgeneration konstatiert, die sich allgemein nicht aktiv am gegenwärtigen Erinnerungsdiskurs beteiligen. Diese Haltung führt sie auf ein *Abgrenzungsbedürfnis* gegenüber der elterlichen Achtundsechziger-Generation zurück, die sich wie keine andere Generation für die Thematisierung der Verbrechen im nationalsozialistischen Regime eingesetzt haben.

[170] Gries, Britta: *Die Grass-Debatte. Die NS-Vergangenheit in der Wahrnehmung von drei Generationen*, S. 48.

[171] Im umgekehrten Fall ist ein solches *Abgrenzungsbedürfnis* ebenso bemerkbar, der Thematisierungszwang der Achtundsechziger-Generation basiert im gleichen Sinn auf der Tabuisierung durch die elterliche Generation.

[172] Vgl. Florack, Ruth: „Köpfchen in das Wasser, Beinchen in die Höh'. Anmerkungen zum Verhältnis von Opfern, Tätern und Trauma in Günter Grass' Novelle *Im Krebsgang*", in: Hermes, Stefan; Muhic, Amir (Hgg.): *Täter als Opfer? Deutschsprachige Literatur zu Krieg und Vertreibung im 20. Jahrhundert*, Verlag Dr. Kovac, Hamburg 2007, S. 41-57, hier S. 48.

[173] Assmann, Aleida: *Der lange Schatten der Vergangenheit*, S. 242.

Die Thematisierung des Internets in der Novelle wird diesem Gedanken Assmanns gerecht; erst die Recherchen im Netz veranlassen Paul Pokriefke dazu, sich intensiv mit dem jahrelang verdrängten Thema auseinanderzusetzen. Zudem wird dem Internet in *Im Krebsgang* eine mögliche Ersatzfunktion für den bevorstehenden Verlust der Zeitzeugen eingeräumt. Denn die geschickte Vergangenheitsinszenierung von Konrad Pokriefke auf der Internetseite „www.blutzeuge.de" ermöglicht es dem Leser, das historische Ereignis als gegenwärtige Begebenheit wahrzunehmen.[174] Demnach würde dem Internet, als Bindeglied zwischen der historischen Vergangenheit und dem Rezipienten in der Gegenwart, ein noch höherer Stellenwert in der zukünftigen Erinnerungskultur zukommen.

Mit dem in der Figur von Konrad verankerten Negativbeispiel macht Günter Grass allerdings auch auf die Problematik der Neuen Medien aufmerksam. Diese kommt besonders deutlich in der von Paul Pokriefke beobachteten Kommunikationsweise im *world wide web* zum Ausdruck:

> Nun begann die im Internet mögliche Freizügigkeit der totalen Kommunikation. In- und ausländische Stimmen mischten sich. Sogar aus Alaska kam eine Meldung. So aktuell war der Untergang des lange vergessenen Schiffes geworden. Mit dem wie aus der Gegenwart hallenden Ruf ‚Die Gustloff sinkt!' stieß die Homepage meines Sohnes aller Welt ein Window auf und leitete einen, wie sogar David ins Netz gab, ‚seit langem überfälligen Diskurs' ein. Jadoch! Ein jeder sollte nun wissen und beurteilen, was am 30. Januar 1945 auf der Höhe der Stolpebank geschehen war; der Webmaster hatte eine Ostseekarte eingescannt und alle zur Unglücksstelle führenden Schiffswege mit belehrendem Geschick anschaulich gemacht. (KG 149)

Die größte Schwachstelle des neuen Mediums liegt demzufolge in der unkontrollierten, unzensierten Bereitstellung von Informationen. Das *world wide web* ist für jeden Internetbenutzer frei verfügbar, sowohl was die Bereitstellung von Informationen angeht wie auch die Bewertung Letzterer. Aus diesem Grund spricht Günter Grass auch von den im Internet „weltweit vagabundierenden Informationen" (KG 8). „Ein jeder" ist dazu aufgefordert, die verfügbaren Informationen zu bewerten, was besonders für die jüngeren Generationen eine enorme Herausforderung und, wie das Beispiel Konrad Pokriefkes verdeutlicht, eine konkrete Bedrohung bedeutet.

---

[174] Paaß, Michael: *Kulturelles Gedächtnis als epische Reflexion*, S. 448.

2.4.6 Der Schriftsteller als Verantwortungsträger im Diskurs der Erinnerung

> Erinnerung ist – so verschwommen und lückenhaft sie erscheint – mehr als das auf Genauigkeit zu schulende Gedächtnis. Erinnerung darf schummeln, schönfärben, vortäuschen, das Gedächtnis hingegen tritt gerne als unbestechlicher Buchhalter auf. [...] Der Schriftsteller erinnert sich professionell. Als Erzähler ist er in dieser Disziplin trainiert. Er weiß, dass die Erinnerung eine oft zitierte Katze ist, die gestreichelt sein will, manchmal sogar gegen den Strich, bis es knistert: Dann schnurrt sie. So beutet er seine Erinnerung aus und notfalls die Erinnerung frei erfundener Personen.[175]

Günter Grass sieht seine Aufgabe als Schriftsteller darin, den Erinnerungsdiskurs über die nationalsozialistische Vergangenheit Deutschlands nicht abbrechen zu lassen und die „zu schnell vernarbte[n] Wunden auf[zu]reißen, in versiegelten Kellern Leichen aus[zu]graben, verbotene Zimmer [zu] betreten, heilige Kühe [zu] verspeisen [...]“[176]. Ein wichtiges Thema in der *Krebsgang*-Novelle ist die aufkeimende neonationalsozialistische Tendenz in den letzten Jahren. Während andere Schriftsteller, wie beispielsweise Martin Walser, diese als Spielchen verirrter Kinder[177] verharmlosen, sieht Grass in dieser Tendenz eine ernst zu nehmende Bedrohung. Im Schlusssatz der Novelle, „Das hört nicht auf. Nie hört das auf.“ (KG 216), kommt die Befürchtung des Autors, Deutschland könnte in die „nationalsozialistische Barbarei“ zurückfallen, deutlich zum Ausdruck. Diese Auffassung steht der Walser'schen Friedenspreisrede sowie der häufig vertretenen Ansicht, die Wiedervereinigung könnte als Schlussstrich unter der nationalsozialistischen Vergangenheit Deutschlands gesehen werden, diametral entgegen[178]:

> [...] Ich habe gesagt: Wer die Wiedervereinigung will [...], muss Auschwitz mitdenken. Dabei bleibe ich bis heute. Selbst der leiseste Ansatz eines Rückfalls – und wir haben einen mörderischen Rechtsradikalismus im Land, desgleichen Politiker, die ihn auf demagogische Weise fördern – gibt Anlass, diese Besorgnis auszusprechen und wachsam zu bleiben.[179]

---

[175] Stolz, Dieter: *Günter Grass - Der Schriftsteller. Eine Einführung*, Steidl Verlag, Göttingen 2005, S. 172.

[176] Rede anlässlich der Verleihung des Nobelpreises für Literatur in Stockholm am 7. Dezember 1999, zitiert nach: Jablkowska, Joanna: „...Weil uns wieder einmal die Vergangenheit auf die Schulter klopft. Von den (vergeblichen?) Versuchen, den Fremden zum Freund zu machen. Günter Grass' *Im Krebsgang* im Lichte seiner Publizistik“, in: Kersten, Sandra; Schenke, Manfred, Frank (Hg.), *Spiegelungen. Entwürfe zu Identität und Alterität. Festschrift für Elke Mehnert, Frank und Timme Verlag*, Berlin 2005, S. 227-244, hier S. 229.

[177] Walser, Martin, „Deutsche Sorgen II“, in: Kiesel, Hemuth (Hg.), *Walser, Martin, Werke in zwölf Bänden*, Bd.11, Frankfurt am Main 1997, S. 997-1010, hier S. 1000.

[178] Vgl. Jablkowska, Joanna, „....Weil und wieder einmal die Vergangenheit auf die Schulter klopft.“ Von den (vergeblichen?) Versuchen, den Fremden zum Freund zu machen. Günter Grass' *Im Krebsgang* im Lichte seiner Publizistik, S. 235.

[179] „So bin ich weiterhin verletzbar'“. Ein ZEIT-Gespräch mit Günter Grass, zitiert nach: ebd., S. 235f.

Der Bedrohung durch den aufkeimenden Rechtsradikalismus ist nach der Ansicht des Autors nur durch Aufklärung entgegenzuwirken und diese Herausforderung nimmt er als Schriftsteller gerne an. Grass sieht sich, im Gegensatz zu Martin Walser, gerne als *Meinungssoldat*, er fühlt sich der Aufklärung verpflichtet. Die Novelle *Im Krebsgang* ist auf dieses Ziel ausgerichtet: Die Konstruktion aus Historie und Fiktion soll die Vergangenheit fassbar machen und hat aus diesem Grund einen „dezidiert aufklärerischen Charakter"[180].

2.4.7 Grass' Novelle als Mahnung vor der Erblast unbewältigter Vergangenheit

Grass' Kontrahenten kritisierten den Literaturnobelpreisträger vor allem wegen der in *Im Krebsgang* unternommenen Verschiebung von der Opfer- zur Täterperspektive. Lothar Baier beispielsweise sieht in der Novelle ein deutliches Zeichen dafür, dass „[...] die Metamorphose vom deutschen Täterkollektiv zum Opferkollektiv in vollem Gang ist. Die Deutschen wollen sich wieder beweinen und von anderen verlangen dürfen, dass auch diese sie als Gustloff-Deutsche beweinen."[181] Einige Kritiker gehen soweit, Grass des Antisemitismus' zu beschuldigen. Sie sehen die Charakterisierung von Konrad Pokriefke, der sich des Mordes an dem Juden Wolfgang Stremplin alias David schuldig gemacht hat, fast schon als ein Sympathisieren des Autors mit rechtsradikalen Ideologien, weil Konrad als ganz normaler, sympathischer Junge dargestellt werde, während David in seiner arroganten Art dem Leser eher befremdlich vorkomme.[182]
Dieser Vorwurf wird dem Schriftsteller nicht gerecht, vielmehr macht Grass darauf aufmerksam, welche Gefahren von einem unbewältigten Ereignis, auch noch nach mehreren Jahrzenten, ausgehen können.
Ruth Florack sieht in der Novelle ebenfalls keine Opfer-Täter-Verschiebung, sondern sie bemerkt, dass Grass nicht das Leid der „*deutschen Flüchtlinge*" hervorheben wollte, sondern das der „*unschuldigen Opfer*" allgemein, wie auch das nicht verarbeitete Bild der ertrinkenden Kinder von Tulla Pokriefke deutlich macht. Denn die über viertausend Kinder, die sich unter den Opfern der Schiffskatastrophe befanden, können wohl nicht zu den Tätern des nationalsozialistischen Regimes gezählt werden. Wie bereits mehr-

---

[180] Jablkowska, Joanna: „„...Weil und wieder einmal die Vergangenheit auf die Schulter klopft." Von den (vergeblichen?) Versuchen, den Fremden zum Freund zu machen. Günter Grass' *Im Krebsgang* im Lichte seiner Publizistik, S. 501.
[181] Zimmermann, Harro: *Günter Grass unter den Deutschen. Chronik eines Verhältnisses*, S. 612.
[182] Vgl. ebd., S. 612.

fach erwähnt, geht es Günter Grass wohl eher darum, die Gefahren aufzuzeigen, die von einem nicht aufgearbeiteten Trauma ausgehen.

Weiter sieht Florack die Novelle *Im Krebsgang* als gelungenes Denkmal für alle Opfer des Dritten Reiches. Dies sei insbesondere der Haltung des Ich-Erzählers geschuldet. Grass lässt ihn an den entscheidenden Stellen zurücktreten, um den Opfern das Wort zu überlassen, anstatt auf eine „opulente, sprachmächtige" Art über deren Schicksal zu verfügen.[183] Dieses Zurücktreten, um sich die Opferperspektive anzuhören, kommt dem von Ruth Klüger geforderten Umgang der Deutschen mit ihrer gemeinsamen Vergangenheit mit den Juden sehr nahe.

3 Die Achtundsechziger-Generation

Die zweite Generation, anhand derer der Umgang mit dem nationalsozialistischen Regime untersucht werden soll, ist die Achtundsechziger-Generation. Sie umfasst die Jahrgänge 1938 bis 1948, die durch die ökonomisch florierende Bundesrepublik Anfang der fünfziger Jahre geprägt wurden und dementsprechend von der nationalsozialistischen Ideologie unberührt blieben. Die Achtundsechziger-Generation war für ihre Bemühungen bekannt, die Verbrechen der Generation der Zeitzeugen zu thematisieren und mit dem vorherrschenden Konsens des Stillschweigens zu brechen. Dadurch geriet sie in Konflikt mit der Elterngeneration.[184]

Die Anfänge der Achtundsechziger-Ideologie waren bereits in den frühen sechziger Jahren verwurzelt, als Vertreter der Flakhelfer-Generation erste Zweifel gegenüber einer Gesellschaft äußerten, in der materieller Wohlstand als oberste Priorität zu gelten schien und in der alles, was diesen neuen materiellen Aufschwung und das ihm entsprechende Lebensgefühl problematisieren könnte, totgeschwiegen wurde. Die Achtundsechziger-Generation schloss sich dieser kritischen Richtung an, sie begann, die elterlichen Biographien zu hinterfragen und zu verurteilen. Der Generationenkonflikt basierte vor allem auf der Identifikation der Jugendlichen mit den Opfern des nationalsozialistischen Regimes sowie auf der Diskrepanz zu den Wertvorstellungen der Elterngenerati-

---

[183] Florack Ruth: „Köpfchen in das Wasser, Beinchen in die Höh'. Anmerkungen zum Verhältnis von Opfern, Tätern und Trauma in Günter Grass' Novelle *Im Krebsgang*", S. 54f.
[183] Vgl. Gries, Britta: *Die Grass-Debatte. Die NS-Vergangenheit in der Wahrnehmung von drei Generationen*, S. 18.
[184] Ebd.

on. Die Generation der Kriegskinder wehrte sich gegen die Werte der ‚Schicksalsgemeinschaft‘, die nach den harten Kriegsjahren vor allem existentielle Sicherheit und einen gewissen Lebensstandard anstrebte; sie verlangte „eine eigene Identität", frei von jeglichen gesellschaftlichen Vorschriften. So galt die Auseinandersetzung mit der nationalsozialistischen Zeit als Hauptthematik der 1960er Jahre und bewirkte den ersten wichtigen Schritt für eine deutsche Erinnerungskultur. Die von Alexander und Margarete Mitscherlich veröffentlichte Studie *Die Unfähigkeit zu trauern* aus dem Jahr 1967, in der das Nachkriegsverhalten der Deutschen als natürlicher Selbstschutzmechanismus dargestellt wurde, bestärkte die Achtundsechziger-Generation in ihrer Kritik an der Elterngeneration.

Sie beklagte die fehlende Auseinandersetzung mit den NS-Verbrechen, die nach einer anfänglichen Verdrängung aus Selbstschutz eigentlich hätte eintreten müssen. Diese unterlassene Auseinandersetzung sehen die beiden Psychoanalytiker Alexander und Margarete Mitscherlich als ernste Gefahr, da sich „durch diese unbewältigte Vergangenheit gesellschaftliche Defizite generieren würde[n], welche durch einen Zwang der Wiederholung, des Wiederaufdeckens dieser verdrängten Tatsachen ihr Tribut fordern würde."[185]

So wichtig wie die Forderungen der Achtundsechziger-Generation für den Umgang mit der Vergangenheit auch sein mögen, dürfen, Britta Gries zufolge, die unterschiedlichen Erfahrungshorizonte dieser Generation und der Generation der Zeitzeugen nicht außer Acht gelassen werden. Bei den Erfahrungen der Zeitzeugen, besonders bei denen der Flakhelfer-Generation, handelt es sich zum Teil um traumatische Kriegserlebnisse, die nicht mit den theoretischen Kenntnissen über diese Zeit gleichgesetzt werden können. Diese unterschiedlichen Erfahrungshorizonte können als Grund für die Verständnislosigkeit und die Intensität des intergenerationellen Konfliktes angesehen werden.[186]

Mit der Wahl Willy Brandts zum Bundeskanzler 1969 wurde ein weiterer wichtiger Schritt in der deutschen Erinnerungskultur getan. Der neue Bundeskanzler wurde dem Geist der Achtundsechziger-Generation gerecht: Mit seinem Kniefall vor dem War-

---

[185] Gries, Britta: *Die Grass-Debatte. Die NS-Vergangenheit in der Wahrnehmung von drei Generationen*, S. 35.
[186] Zu diesem Abschnitt: Vgl. ebd., S. 34f.

schauer Ghetto 1970 setzte er ein klares Zeichen des „moralischen Schuldeingeständnisses"[187].

Innerhalb dieses Zeitgeistes wuchsen die beiden nachfolgend behandelten Autoren Uwe Timm und Bernhard Schlink auf, deren hier diskutierte Werke sich maßgeblich von denen der Zeitzeugen-Generation unterscheiden.

3.1 Uwe Timm – *Am Beispiel meines Bruders*

3.1.1 Timm im Lichte des Achtundsechziger-Zeitgeistes

Uwe Timm, geboren im Jahr 1940 in Hamburg, gilt als Vertreter der Achtundsechziger-Generation. Die theoretischen Grundlagen der Studentenbewegung waren dem Studenten bereits früh bekannt, mit den Theorien Sigmund Freuds sowie mit den Frühschriften von Karl Marx war er vertraut und damit waren die Weichen für seine politische Richtung gelegt. Im Jahr 1973 trat Uwe Timm der Deutschen Kommunistischen Partei bei, um, wie er in einem Interview verrät, „eine Alternative zur autoritären Vätergeneration [zu suchen]. Ich fühlte mich verpflichtet, etwas zu tun, um die Verhältnisse zu verändern."[188] Als ihm bewusst wurde, dass die DKP nicht weniger autoritär als ihr politisches Gegenprogramm war, kehrte er ihr im Jahre 1981 den Rücken. Die Ermordung seines Freundes Benno Ohnesorg durch einen Zivilpolizisten im Jahr 1967 auf einer Demonstration der Studentenbewegung gegen den Besuch des Schahs von Persien gab Uwe Timm den Anstoß für die Auseinandersetzung mit der nationalsozialistischen Vergangenheit Deutschlands, die von diesem Moment an eine wichtige Thematik in seinem literarischen Schaffen bleiben sollte.

3.1.2 Die Exemplifizierung der kritisch-analytischen Auseinandersetzung mit den familiären Biographien im Achtundsechziger-Zeitgeist in Timms *Am Beispiel meines Bruders*

Am Beispiel meines Bruders erscheint im Jahr 2003. In seiner autobiographischen Erzählung unternimmt Timm die Aufarbeitung der Vergangenheit des sechzehn Jahre älteren Bruders, der als Mitglied der SS-Totenkopfdivision im Jahr 1943 in der Ukraine

---

[187] Ebd. S. 38.
[188] Greiner, Ulrich, 30.03.2010, „Warum Uwe Timm ‚Schwaan' mit zwei a schrieb". Interview mit Uwe Timm, in: *Die Zeit*, <http://www.zeit.de/2010/13/Portraet-Uwe-Timm> (Stand: 23.5.2011).

sein Leben verlor. *Am Beispiel meines Bruders* ist der Versuch, die Lücken und Leer-stellen der eigenen Vergangenheit auszufüllen, indem er die brennenden Fragen nach der Position der Eltern und des Bruders im nationalsozialistischen Deutschland aufzu-decken erhofft. Es geht Timm dabei um das „kritische Verstehen"[189], wie er in einem Interview mit der *taz* am 13.9.2003 erklärt.

Die Vergangenheitsrekonstruktion der Familiengeschichte erfolgt nicht alleine aufgrund der hinterlassenen Tagebucheinträge des Bruders, Timm recherchiert in „Akten, Berich-ten, Büchern der Zeit" (BB 31)[190] und liest zahlreiche historiographische Werke, was den kritischen Charakter seines literarischen Unternehmens unterstreicht. Dennoch liegt das Ziel des Autors nicht in der Entlarvung der Familiengeschichte als Tätergeschichte, sondern vielmehr geht es ihm um eine authentische Rekonstruktion, um eine möglichst objektive Darstellung der Familiengeschichte.

3.1.3 Die Achtundsechziger-Generation als Erben einer bruchstückhaften Erinnerungs-tradierung

Aleida Assmann macht in ihrem Buch *Der lange Schatten der Vergangenheit* auf den Unterschied zwischen dem Opfer- und dem Tätergedächtnis aufmerksam:

> Während die Nachkommen der Holocaust-Überlebenden von dem heimgesucht werden, was ihre Eltern *gesehen und erlebt haben*, werden die Kinder der Nati-onalsozialisten von dem heimgesucht, was ihre Eltern *nicht gesehen* und *aus der Erinnerung verdrängt* haben. Sie stehen unter dem Zwang, die blinden Fle-cken und Lücken im Bewusstsein ihrer Eltern nachträglich aufzufüllen.[191]

Das Hauptproblem dieser Generation besteht in den lückenhaften Biografien der Eltern, die durch das elterliche Schweigen zustande kommen. Die fragmentarisch übermittelte elterliche Vergangenheit macht die Familiengeschichte, und damit die eigene Herkunft, das eigene Leben, nicht erzählbar.[192]

Der zweiten Nachkriegsgeneration geht es darum, die bruchstückhaften Erinnerungen der familiären Vergangenheit zusammenzuführen und damit sich selber eine Vergan-genheit zu schaffen. Diesem Bedürfnis kommt Uwe Timm mit der Niederschrift seines

---

[189] Bartels, Gerrit: „Ich wollte das in aller Härte". Ein Interview mit dem Schriftsteller Uwe Timm über sein Buch *Am Beispiel meines Bruders* und die AufBuchung deutscher Vergangenheit am Beispiel seiner eigenen und überaus normalen Familie, in: *taz*, 19.09.2003, <http://www.taz.de/1/archiv/archiv/?dig=2003/09/13/a0245> (Stand 25.5.2011).
[190] Zitiert wird aus Uwe Timms *Am Beispiel meines Bruders*, Deutscher TaschenBuch Verlag, München 2007, im Folgenden mit der Sigle BB.
[191] Assmann, Aleida: *Der lange Schatten der Vergangenheit*, S. 212, zitiert nach: Hielscher, Martin: *Uwe Timm. Ein Porträt*, Deutscher TaschenBuch Verlag, München 2007, S. 171.
[192] Vgl. ebd., S. 172.

Werkes *Am Beispiel meines Bruders* nach, mit der er, nach eigenen Aussagen, erst nach dem Tod der Schwester, die als letztes Familienmitglied den Bruder gekannt hatte, beginnen konnte (BB 10).

Die Rekonstruktion der familiären Vergangenheit erfolgt in *Am Beispiel meines Bruders* anhand der Tagebücher des im Krieg gefallenen, sechzehn Jahre älteren Bruders Karl-Heinz. Die bisherige Analyse der Werke der Autoren der Zeitzeugen-Generation, insbesondere die Analyse von Martin Walsers Roman *Ein springender Brunnen*, hat die Schwierigkeit gezeigt, sich der Vergangenheit gleichermaßen authentisch, aber dennoch auf eine verantwortungsvolle Art und Weise zu nähern. Die von Uwe Timm verwendete Erzählweise in *Am Beispiel meines Bruders* scheint diese vermeintliche Diskrepanz zu überwinden. Die Annäherung an die Familiengeschichte, speziell die an den Bruder, erfolgt gleichsam mit einem kritischen, wie auch mit einem sensiblen Auge. Timm, der mit den grauenhaften historischen Fakten dieser Zeit bestens vertraut ist, urteilt nicht wie eine richterliche Instanz, vielmehr sucht er die Nähe zu dem älteren Bruder, das Verständnis für ihn, fortgehend auf. Timm möchte den Bruder weder als Monster entlarven, noch ihn für seine doch offensichtlichen Taten in Schutz nehmen, er findet einen Mittelweg, mit der Diskrepanz zwischen historischer Wirklichkeit und familiärer Vergangenheit umzugehen.[193] Dennoch fällt das Verständnis für den Bruder nicht immer leicht, besonders wenn die Tagebucheinträge die Normalität des Kriegsalltags aus den Augen des Bruders aufdecken. Einträge wie: „[...] 75 m raucht Iwan Zigaretten, ein Fressen für mein MG" (BB 33) haben Timm jahrelang davon abgehalten, sich der Rekonstruktion der Familienvergangenheit anzunehmen; an diesen Stellen musste er das Heft immer beiseitelegen. Neben dem Versuch, die letzten Monate des Bruders zu rekonstruieren, um die lang ersehnten Antworten auf die unzähligen Fragen zu erhalten, nimmt die Vaterfigur einen wichtigen Platz in der Autobiographie ein, indem Timm sich immer wieder fragt, wie die auf absolutem Gehorsam beruhende Erziehung des Vaters sich in der Zeit des Krieges wohl auf ihn selber ausgewirkt hätte, ob er es dem Bruder eventuell gleichgemacht und sich ebenfalls freiwillig der Waffen-SS angeschlossen hätte.[194]

---

[193] Vgl. Hielscher, Martin: *Uwe Timm. Ein Porträt*, S. 173f.
[194] Koch, Joachim: *„Am Beispiel meines Bruders* von Uwe Timm", in: Rotta, Christian; Katzschmann, Dirk (Hg.), *Universitas. Orientierung in der Wissenswelt*, Jg. 58/2003, Bd. 2, S. 1084.

Am Beispiel meines Bruders kann als Chronik der allgemeinen Auseinandersetzung mit den einzelnen Familiengeschichten in der Gesellschaft des 21. Jahrhunderts gelesen werden. [195]

Uwe Timms Blick auf seine Familiengeschichte, besonders auf die ideologische Prägung des Vaters und des älteren Bruders, sowie zahlreiche Werke anderer Autoren, die sich mit der persönlichen Familiengeschichte innerhalb des NS-Regimes auseinandersetzen, spiegeln das von der Achtundsechziger-Generation initiierte Umdenken in Bezug auf die nationalsozialistische Vergangenheit wider. Es geht ihnen um die Suche nach der Wahrheit, insbesondere darum, sich ein objektives Bild von der Vergangenheit der Eltern respektive des Bruders zu machen und das Wissen um die Gräueltaten der NS-Diktatur so einzusetzen, dass Raum für die objektive Beurteilung des Familienmitglieds bleibt, ohne dieses allerdings von seinem eigenen Schuldanteil zu entlasten.

Obwohl Timms Bestreben, die objektive Wahrheit herauszufinden und damit nach sechzig Jahren eine Antwort auf die vielen Fragen zu erhalten, seine Erzählhaltung im Wesentlichen bestimmt, macht er in seiner Autobiographie auch immer wieder auf die Versuchung aufmerksam, sich die Fakten so zurechtzulegen, dass der Bruder unschuldig erscheint. Doch Uwe Timm widersteht dieser Versuchung und wirkt durch bewusst eingesetzte distanzierende Momente im Text einer Schuld ausblendenden Lesart entgegen. In einem von Gerrit Bartels geführten Interview mit dem Schriftsteller in der *taz*-Ausgabe vom 13.9.2003 antwortet Timm auf die Frage nach dem Grund für diese distanzierenden Momente:

> Das mache ich auch wegen aktueller Diskussionen. Ich schätze es gar nicht, wenn man in Deutschland versuchen sollte, sich eine kollektive Opferrolle buchstäblich zu erarbeiten. Natürlich soll man Verständnis haben mit den Vertriebenen und trauern um die Bombenkriegsopfer, aber man sollte die Gewichte nicht verschieben. Man kann nicht relativieren, was an Grausamkeiten von den Nazis und den Deutschen ausgegangen ist.[196]

In Kapitel 2 wurde bereits auf die von Aleida Assmann angesprochenen fünf Strategien der Verdrängung eingegangen. Eine dieser fünf Strategien, die des Externalisierens, besteht darin, die eigene Schuld „von sich ab[zu]spalte[n] und anderen zu[zu]rechne[n]."[197]

---

[195] Vgl. Hielscher, Martin: *Uwe Timm. Ein Porträt*, S. 177f.

[196] ‚Ich wollte das in aller Härte'. Interview mit dem Schriftsteller Uwe Timm über sein Buch *Am Beispiel meines Bruders* und die AufBuchung deutscher Vergangenheit am Beispiel seiner eigenen und überaus normalen Familie", in: *taz* Ausgabe vom 13.9.2003,
http://www.taz.de/1/archiv/archiv/?dig=2003/09/13/a0245 (Stand 25.5.2011).

[197] Assmann, Aleida: *Der lange Schatten der Vergangenheit*, S. 170.

In *Am Beispiel meines Bruders* wird dieser Mechanismus des Externalisierens thematisiert, indem Timm die vorherrschende Nachkriegshaltung im *kommunikativen Gedächtnis* folgendermaßen beschreibt[198]:

> Der Vater konnte Trauer nicht zulassen, nur Wut, die sich aber, weil für ihn Tapferkeit, Pflicht, Tradition unverbrüchlich waren, nur gegen militärische Dilettanten, gegen die Drückeberger, gegen die Verräter richtete. Das war der Gesprächsstoff mit anderen Kameraden. Sie kamen abends zusammen, tranken Cognac und Kaffee und redeten über den Kriegsverlauf. Suchten Erklärungen, warum der Krieg *verlorengegangen* war. Es wurden noch einmal Schlachten geschlagen, Befehle korrigiert, unfähige Generäle abgesetzt, Hitler die militärische Befehlsgewalt entzogen. Kaum vorstellbar, heute, dass das abendfüllende Themen für diese Generation waren. (BB 75; Hervorhebung im Original)

Die von Timm geschilderte Reaktionsform der Zeitzeugen-Generation war in der unmittelbaren Nachkriegszeit weit verbreitet, es ging darum, durch das Ausmachen von Schuldigen von dem eigenen Schuldanteil abzulenken.[199] Uwe Timms Werk setzt, im Sinne der Achtundsechziger-Generation, ein Zeichen gegen diese Externalisierungsversuche, indem er sich mit der eigenen Familiengeschichte im nationalsozialistischen Deutschland auseinandersetzt.

Uwe Timm geht es in seiner Autobiographie nicht ausschließlich um die eigenen, persönlichen Erinnerungen, sondern um ihren Stellenwert innerhalb des *kollektiven Gedächtnisses*. Sie werden immer wieder zu den Erinnerungsformen des Kollektivs in Relation gesetzt. [200]

Gemeinsam ist Uwe Timms und Ruth Klügers Erinnerungspoetik die Ansicht, dass eine zu intensiv heraufbeschworene, pathetisch formulierte Erinnerung ein gewisses Abstumpfen in Bezug auf die Grausamkeit der Verbrechen provoziert und damit die Mord-Maschinerie zunehmend in Vergessenheit geraten lässt. Gegen diese schleichende Abmilderung der Verbrechen wehrt sich Timm; die Tagebucheinträge des Bruders, die Timm sein ganzes Leben hindurch begleitet haben, haben auch sechzig Jahre nach dem Tod des Bruders noch nichts von ihrer Grausamkeit verloren. Die Thematik der Verharmlosung durch repetitives, anekdotisches Erzählen manifestiert sich auch immer wieder in der Autobiographie:

---

[198] Vgl. ebd., S. 172.

[199] Die Extremform der Externalisierung wäre, Aleida Assmann zufolge, „die Grenzziehung zwischen dem schuldigen Hitler und dem unschuldigen Volk", vgl. hierzu ebd., S. 173.

[200] Vgl. Marx, Friedhelm: „‚Erinnerung, sprich'. Autobiographie und Erinnerung in Uwe Timms *Am Beispiel meines Bruders*", in: ders.: *Erinnern, Vergessen, Erzählen. Beiträge zum Werk Uwe Timms*, Wallstein Verlag, Göttingen 2007, S. 27-35, hier S. 31.

> Noch Jahre nach dem Krieg, mich durch meine Kindheit begleitend, wurden diese Erlebnisse immer und immer wieder erzählt, was das ursprüngliche Entsetzen langsam abschliff, das Erlebte fassbar und schließlich unterhaltend machte [...]. (BB 36)

Am Beispiel meines Bruders verweigert die anekdotischen Narrative, die Erzählung der nationalsozialistischen Zeit als eine „ausgeschmückte" Geschichte. Vielmehr zeugen die scheinbar willkürlich eingeworfenen Erinnerungsfetzen von der vorherrschenden Stimmung in dieser Zeit. Wie Friedhelm Marx bemerkt, bezweckt Uwe Timm mit seiner Erinnerungspoetik eine Richtigstellung des *kulturellen Gedächtnisses*, „wie sie nur im Medium der Literatur zu haben ist."[201]

3.1.4 *Kommunikatives* und *kulturelles Gedächtnis* in *Am Beispiel meines Bruders*

Uwe Timm begründete die späte Niederschrift der eigenen Autobiographie, mit der er erst über sechzig Jahre nach dem Tod des Bruders begann, immer dadurch, dass der Tod der Mutter im Jahre 1994 sowie der Schwester im Jahre 2001 die Auseinandersetzung mit der familiären Vergangenheit erst möglich gemacht habe:

> Ein anderer Grund war die Mutter. Solange sie lebte, war es mir nicht möglich, über den Bruder zu schreiben. Ich hätte im voraus gewusst, was sie auf meine Fragen geantwortet hätte. Tote soll man ruhen lassen. Erst als auch die Schwester gestorben war, die letzte, die ihn kannte, war ich frei, über ihn zu schreiben, und frei meint, alle Fragen stellen zu können, auf nichts, auf niemanden Rücksicht nehmen zu müssen. (BB 9 f.)

Natürlich spielt die künstlerische wie auch die persönliche Freiheit für das literarische Schaffen eine besonders wichtige Rolle. Matteo Galli zufolge kann die späte Niederschrift auch dadurch bedingt sein, dass Timm dem kommunikativen (Familien-)Gedächtnis, das durch den Tod der Familienangehörigen seine Kommunikationsträger verloren hatte, durch die schriftliche Fixierung einen festen Platz im *kulturellen Gedächtnis* einzuräumen sucht.[202]

Damit kommt Uwe Timms Werk im gegenwärtigen Erinnerungsdiskurs ein besonderer Stellenwert zu und ist für die Zukunft der Erinnerung, für die Verankerung der Auseinandersetzung mit der deutschen Vergangenheit im *kulturellen Gedächtnis,* eine große Bereicherung, da es die Thematik aus dem kurzzeitigen, kommunikativen Gedächtnis

---

[201] Vgl. Marx, Friedhelm: „‚Erinnerung, sprich'. Autobiographie und Erinnerung in Uwe Timms *Am Beispiel meines Bruders*", S. 32.

[202] Galli, Matteo: „Kommunikatives Gedächtnis bei Uwe Timm", in: Cornils, Ingo; Finlay, Frank (Hgg.): *„(Un-)erfüllte Wirklichkeit". Neue Studien zu Uwe Timms Werk*, Königshausen & Neumann, Würzburg 2006, S. 162-172, hier S. 166.

hinein in das kulturelle, langzeitige Gedächtnis zu transportieren versteht und das mit einem hohen ästhetisch-literarischen Anspruch.[203]

3.1.5 *Am Beispiel meines Bruders* zwischen objektiver Wahrheitssuche und Schuldrelativierung

Nach der Veröffentlichung von *Am Beispiel meines Bruders* sah die Mehrheit der Kritiker die Hauptthematik des Werkes in der Darstellung des deutschen Leidens während des Zweiten Weltkriegs und identifizierte bewertete dies als eine Forderung nach einer Normalisierung im Umgang mit der nationalsozialistischen Vergangenheit Deutschlands.[204]

Diese Einschätzung der Kritiker bezieht sich auf das unzufriedenstellende Fazit der autobiographischen Niederschrift; Timm hatte am Ende seiner Untersuchungen keine eindeutige Beweise für die Täterschaft seines Bruders ausfindig machen können.

Andrea Albrecht kritisiert an der Autobiographie Timms, dass der Abgleich zwischen historiographischer Wirklichkeit und den festgeschriebenen Erinnerungen des Bruders zu einem „nur halbwegs zufriedenen Ergebnis" geführt hat, weil Timm auch am Ende seiner Untersuchung nur behaupten kann, dass der Bruder *möglicherweise* am „industriellen Massenmord" (BB 98) persönlich beteiligt war.[205] Und auch auf seine anderen Fragen danach, wie dieser Bruder wohl gewesen sein mag, findet Timm keine Antwort, weil „kein Traum [...] in dem Tagebuch erwähnt [ist], kein Wunsch, kein Geheimnis." (BB 28) Damit wertet Albrecht *Am Beispiel meines Bruders* als „alltägliches und insofern unspektakuläres Beispiel einer typischen deutschen Biographie im Dritten Reich"[206] ab.

---

[203] Vgl. Galli, Matteo: „Kommunikatives Gedächtnis bei Uwe Timm", S. 162. In diesem Zusammenhang ist insbesonders der von Uwe Timm geprägte Begriff der „Ästhetik des Alltags" bedeutsam, nach dem der Sinn des literarischen Schaffens grob in vier Punkten zum Ausdruck kommt: in der Niederschrift des „Geflüster[s] der Generationen", in der geschichtlichen Auseinandersetzung mit den „gezeichneten Dingen", in der Vergegenwärtigung der „unauffällig sprechenden Situationen" sowie darin, das Utopische am literarischen Schaffen durch den „wunderbaren Konjunktiv" zum Ausdruck zu bringen. Timm, Uwe, *Erzählen und kein Ende, Versuche zu einer Ästhetik des Alltags*, Köln 2003, zitiert nach: Galli, Matteo: *Kommunikatives Gedächtnis bei Uwe Timm*, S. 162.

[204] Vgl. Williams, Rhys: „„Eine ganz normale Kindheit': Uwe Timms *Am Beispiel meines Bruders* (2003)", in: Cornils, Ingo; Finlay, Frank (Hgg.): *„(Un-)erfüllte Wirklichkeit". Neue Studien zu Uwe Timms Werk*, Königshausen & Neumann Verlag, Würzburg 2006, S. 173-184, hier S. 173.

[205] Vgl. Albrecht, Andrea: „*Thick descriptions*. Zur literarischen Reflexion historiographischen Erinnerns »am Beispiel Uwe Timms«", in: Marx, Friedhelm (Hrsg.): *Erinnern Vergessen, Erzählen. Beiträge zum Werk Uwe Timms*, Wallstein Verlag, Göttingen 2007, S. 68-89, hier S. 78.

[206] Albrecht, Andrea: „*Thick descriptions*. Zur literarischen Reflexion historiographischen Erinnerns *am Beispiel Uwe Timms*", S. 78.

In der Tat unterscheidet sich die Biographie des Bruders Karl-Heinz nicht im Wesentlichen von den Biographien anderer Kriegssoldaten. Es geht allerdings in *Am Beispiel meines Bruders* nicht um die Biographie des Bruders an sich, sondern um Uwe Timms Umgang mit der Vergangenheit des Bruders und der anderen Familienangehörigen. In diesem Umgang unterscheidet Timm sich, wie die meisten anderen Autoren seiner Generation, von Schriftstellern der Zeitzeugen-Generation. Ein weiterer Vorwurf von Albrecht, der dem Autor nicht gerecht wird, lautet, Uwe Timm gebe in seinem Werk lediglich das „durchschnittliche, mehrheitliche Täterverhalten der Deutschen" wieder. Dieser Vorwurf bezieht Albrecht auf die Angst des Schriftstellers davor, den eigenen Bruder als „Überzeugungstäter" zu entlarven und seine Hoffnung in ihm einen „Widerständler" zu entdecken.[207] Eine solche, durchaus menschliche Haltung kann dem Schriftsteller nicht zum Vorwurf gemacht werden, vor allem, weil er sich dieser Versuchung bewusst ist, ihr aber nicht verfällt und die Suche nach der objektiven Sachlage konsequent verfolgt.

Wie bereits erwähnt, verläuft Uwe Timms Suche nach den Antworten auf die Fragen, die ihn sein ganzes Leben begleitet haben, äußerst unbefriedigend. Eine Konfrontation der Schuld der Zeitzeugen-Generation kann nicht stattfinden. So hat denn *Am Beispiel meines Bruders* eher lehrenden als mahnenden Charakter. Denn indem diese Konfrontation unterbleibt, wird auch an den Leser von Timms Werk nicht die Forderung gestellt, eine eindeutige Position zur Schuld der Zeitzeugen-Generation einzunehmen. So erzählt Timm vor allem die eigene Geschichte, den eigenen Umgang mit der individuellen, familiären Geschichte innerhalb der historischen Tragödie des NS-Regimes. Es bleibt dem Leser überlassen, ob er sich ein Beispiel an diesem Umgang nehmen will.

3.2 Bernhard Schlink - *Der Vorleser*

3.2.1 Schlinks *Der Vorleser* zwischen Erinnerungspoetik und öffentlich-politischem Erinnerungsdiskurs

Während Bernhard Schlinks Roman *Der Vorleser* bereits kurz nach seiner Erscheinung im Jahr 1995 sämtliche internationalen Bestsellerlisten anführte, in 24 Sprachen übersetzt wurde und von den Kritikern als erfolgreichstes deutsches Buch nach Günter Grass' *Blechtrommel* und Patrick Süskinds *Das Parfum* bezeichnet wurde, schlugen die

---

[207] Albrecht, Andrea: „*Thick descriptions*. Zur literarischen Reflexion historiographischen Erinnerns *am Beispiel Uwe Timms*, S. 78f.

Meinungen der Kritiker ein halbes Jahrzehnt nach der Veröffentlichung ins drastische Gegenteil um. Die *Neue Zürcher Zeitung* wirft dem Autor eine „neue Unbefangenheit der eigenen Geschichte gegenüber" vor, durch die eine Relativierung des Leids der Holocaust-Opfer sowie der Überlebenden erfolgen würde. Die *Süddeutsche Zeitung* warf Schlink, ähnlich wie auch Martin Walser, vor „mit der Vergangenheit aufräumen zu wollen."[208]

Auch aus England, wo *Der Vorleser* gleich nach seiner Veröffentlichung einen enormen Erfolg verbuchen konnte, erklangen im Laufe der Zeit kritische Stimmen. Der Autor Frederic Raphael schrieb über Bernhard Schlinks Werk in einem Leserbrief an das *Times Literary Supplement*: „If Literature means anything, *The Reader* has no place in it." Wenig später, gegen Ende März 2002 wurde die Debatte von der *Süddeutschen Zeitung*, vor allem durch den Artikel von Willi Winkler[209], weitergeführt.[210] Der Hauptkritikpunkt an Schlinks Werk richtet sich gegen die Diskrepanz zwischen der im Werk dargestellten Erinnerungspoetik und dem öffentlich-politischen Erinnerungsdiskurs.[211] Schlink wurde vorgeworfen durch die Figur Hannah Schmitz in seinem Roman eine Verschiebung der Täter-Opfer-Perspektive vorzunehmen und damit steht auch bei diesem Werk die Frage im Raum, inwiefern die Literaturkritik an die *political correctness* eines literarischen Werkes appellieren darf oder ob sie sich nicht vielmehr auf literarische, ästhetische Aspekte beschränken muss.

Im Hinblick auf die Frage nach der Rolle der Literatur verlangt die Tatsache, dass Bernhard Schlinks Roman bereits kurz nach seiner Veröffentlichung Einzug in den Kanon der Schullektüre gefunden hat, eine besondere Beachtung. Denn durch diese Begebenheit erreicht der Text ein viel breiteres Spektrum an Lesern, als es beispielsweise andere Romane, historiographische Texte oder dokumentarische Ausstellungen tun würden. Damit übt er einen gewichtigen Einfluss auf die Vergangenheitsbilder nachfolgender Generationen aus und trägt auf diese Weise einen hohen Grad an Verantwortung

---

[208] Vgl. Hage, Volker: „Unter Generalverdacht. Kulturkritiker rüsten zu einer bizarren Literaturdebatte: Verharmlosen erfolgreiche Bücher wie Günter Grass' Novelle *Im Krebsgang* oder Bernhard Schlinks Roman *Der Vorleser* die Schuld der Deutschen an Holocaust und Zweitem Weltkrieg?", in: *Der Spiegel*, 15 (2002), http://www.spiegel.de/kultur/literatur/0,1518,190969,00.html (Stand 31.5.2011)

[209] Winkler, Willi: „Vorlesen, Duschen, DurchBuchen, Schlechter Stil, unaufrichtige Bilder: England begreift nicht mehr, was es an Bernhard Schlinks Bestseller ‚Der Vorleser' fand", in: *Süddeutsche Zeitung* 30.2.2002.

[210] Raphael Frederic: „Bernhard Schlink. Leserbrief.", in: Times Literary Supplement, 8.3.2002, S. 17, zitiert nach: Hahn, Hans-Joachim: *Repräsentationen des Holocaust. Zur westdeutschen Erinnerungskultur seit 1979*, Universitätsverlag Winter, Heidelberg 2005, S. 215.

[211] Vgl. Schödel, Kathrin: „Jenseits der *political correctness* - NS-Vergangenheit in Bernhard Schlink, *Der Vorleser* und Martin Walser, *Ein springender Brunnen*, S. 307.

was den Umgang kommender Generationen mit der gemeinsamen deutschen Vergangenheit betrifftist an den auch ethischen Anforderungen, die damit einhergehen, zu messen.[212]

3.2.2 Hanna Schmitz – Opfer oder Täterin?

In seinem Roman erzählt Bernhard Schlink aus der Perspektive des sechzehnjährigen Michael Berg die Liebesgeschichte zwischen dem Ich-Erzähler und der zwanzig Jahre älteren Hanna Schmitz. Im ersten Drittel des Romans wird das Thema Nationalsozialismus vollkommen ausgespart; erzählt wird lediglich die Liebesbeziehung zwischen den beiden Protagonisten. Erst im zweiten Drittel des Romans – inzwischen sind seit ihrer Trennung neun Jahre vergangen –, wird die nationalsozialistische Vergangenheit Deutschlands thematisiert. Michael hat in der Zwischenzeit ein Jurastudium begonnen und besucht im Rahmen eines Seminars zur Thematik des „Verbot[s] rückwirkender Bestrafung" (VL 86)[213] zusammen mit den Kommilitonen und dem Professor eine Gerichtsverhandlung in einem Prozess gegen ehemalige KZ-Wächterinnen[214]. Unter ihnen erblickt der Ich-Erzähler Hannah, die er zum ersten Mal seit der Trennung wiedersieht. Hanna wurden zwei Anklagepunkte vorgeworfen, zum einen die monatliche Selektion von sechzig inhaftierten Frauen für den Transport nach Auschwitz, zum anderen den Mord an Hunderten von Frauen, die während eines von der SS erzwungenen Todesmarsches in einer brennenden Kirche eingeschlossen waren und von Hanna und den anderen Aufseherinnen nicht freigelassen wurden.[215]

Während Michael sich vor dieser Begegnung mit Hannah zusammen mit den Kommilitonen noch „als Avantgarde der Aufarbeitung der Vergangenheit" (VL 87) gesehen hat, scheint das Bild von der ehemaligen Geliebten auf der Anklagebank etwas in dem Studenten zu verändern. War er zuvor der Überzeugung, jeder Schuldige „müsse verurteilt werden" (VL 87), muss er sich im Laufe der Verhandlungen eingestehen, dass er Han-

---

[212] Vgl. ebd., S. 309.
[213] Zitiert wird nach: Timm, Uwe: *Am Beispiel meines Bruders*, Deutscher TaschenBuch Verlag, im Folgenden mit dem Sigle VL.
[214] Dieser Prozess findet im Jahr 1963 statt, zeitgleich mit dem Frankfurter Auschwitz-Prozess, in dem erstmals seit dem Ende des Zweiten Weltkrieges die Verbrechen des nationalsozialistischen Regimes in der breiten Öffentlichkeit thematisiert wurden. Vgl. hierzu: Hahn, Hans-Joachim: *Repräsentationen des Holocaust. Zur westdeutschen Erinnerungskultur seit 1979*, Universitätsverlag Winter, Heidelberg 2005, S. 221.
[215] Ebd.

nas Haft nicht etwa aufgrund der schweren Vorwürfe gegen sie herbeiwünscht, sondern ausschließlich aus persönlichen Gründen:

> [...] Ich merkte, dass ich Hannas Haft als natürlich und richtig empfunden hatte. Nicht wegen der Anklage, der Schwere des Vorwurfs und der Stärke des Verdachts, wovon ich noch gar nichts Genaues wusste, sondern weil sie in der Zelle raus aus meiner, raus aus meinem Leben war. Ich wollte sie weit weg von mir haben, so unerreichbar, dass sie die bloße Erinnerung bleiben konnte, die sie in den vergangenen Jahren für mich geworden und gewesen war. Wenn der Anwalt Erfolg hätte, würde ich gewärtigen müssen, wie ich ihr begegnen wollte und sollte. (VL 93)

Die Hauptkritikpunkte an Schlinks Werk richten sich gegen die späte Einführung des Themas Nationalsozialismus, die erst durch die Entlarvung Hannas als Täterin relativ spät im Roman erfolgt. Kathrin Schödel kritisiert, dass Hanna als erst Täterin eingeführt wird, nachdem sie, durch die Darstellung ihrer unterschiedlichen Facetten, dem Leser als durchaus liebenswürdiger Mensch präsentiert wurde. In dieser Erzählstrategie sehen Schödel wie auch andere Kritiker eine Relativierung der Gräueltaten, die unter der nationalsozialistischen Mord-Maschinerie begangen wurden, sowie eine Verharmlosung der Menschen, die diese Taten ausgeführt haben. Diese Annahme wird durch den Umstand gestützt, dass Michael Berg als Ich-Erzähler durchaus eine Identifikationsfigur für den Leser darstellt, der so aufgrund der unbedingten Liebe des Erzählers zu Hanna mit ihr sympathisieren könnte.[216] Der Autor selbst sieht diese Darstellung nicht als versuchte Verharmlosung der Tätergeneration. Vielmehr plädiert er für eine „menschliche Sicht auf die Täter", die seiner Meinung nach den Blick für die Schuld der Täter eher verschärft:

> Wenn es nicht die menschliche Sicht auf die Täter gäbe, hätten wir kein Problem mit ihnen. Erst die menschliche Nähe zu ihnen macht das, was sie getan haben, so furchtbar. Wir hätten doch mit den Tätern schon lange abgeschlossen, wenn es wirklich alles Monster wären, ganz fremd, ganz anders, mit denen wir nichts gemein haben.[217]

Diese Aussage Schlinks scheint insofern nicht gerechtfertigt, als dass Hanna im *Vorleser* eine klare Schuldbefreiung erfährt: „Hanna hatte sich nicht für das Verbrechen entschieden. Sie hatte sich gegen die Beförderung bei Siemens entschieden und war in die Tätigkeit als Aufseherin hineingeraten." (VL 128) Somit erfolgt die Schuldzuweisung einzig und alleine aufgrund von Hannas Analphabetismus, den sie aus Gründen der

---

[216] Vgl. Schödel, Kathrin: „Jenseits der political correctness - NS-Vergangenheit in Bernhard Schlink, *Der Vorleser* und Martin Walser, *Ein springender Brunnen*", S. 309f.
[217] Doerry, Martin; Hage, Volker: „Ich lebe in Geschichten". SPIEGEL-Gespräch mit Bernhard Schlink, in: Der Spiegel, 24.10.2000, <http://www.spiegel.de/spiegel/print/d-15502682.html> (Stand: 24.5.2011)

Scham mit allen Mitteln zu verbergen sucht. Die naheliegende Interpretation verleitet den Leser dazu, die Protagonistin als Opfer wahrzunehmen, denn durch die unüberwindbare Scham, das eigene Defizit offenzulegen, gerät Hanna scheinbar ohne eigenen Schuldanteil in die Situation der KZ-Wächterin. Hanna wird im Laufe des Prozesses als Ehrlichkeitsfanatikerin dargestellt, deren einziges persönliches Defizit auf den Leser eine eher rührende als verurteilende Wirkung zu erzielen scheint. Hannas Schilderungen im Prozess erwecken den Eindruck, dass es ihr einzig und alleine um Aufrichtigkeit ginge: „[... Die] Bereitwilligkeit, mit der sie zugab, [ärgerte] die anderen Angeklagten. Für deren Verteidigung, aber auch für Hannas eigene Verteidigung war sie fatal." (VL 109) Hanna war sich dessen durchaus bewusst, dennoch schien es ihr unmöglich, den Prozess zu ihren Gunsten zu lenken: „Hanna merkte, dass sie ihrer Sache mit dem, was sie sagte, keinen Dienst erwies. Aber sie konnte nichts anderes sagen. Sie konnte nur versuchen, das, was sie sagte, besser zu sagen, besser zu beschreiben und zu erklären." (VL 122 f.)

Das Empathiegefühl des Lesers für die Protagonistin spitzt sich in der Szene zu, in der Hanna zugibt den belastenden Bericht über jene Nacht verfasst zu haben, in der sie und die anderen Aufseherinnen die in einer brennenden Kirche eingeschlossenen KZ-inhaftierten Frauen nicht befreiten. Als Analphabetin kann Hanna nicht als Verfasserin dieses Berichtes gelten, dennoch bekennt sie sich dazu, aus Angst davor, dass durch eine Schriftprobe ihr Analphabetismus aufgedeckt würde. Hannas Analphabetismus fungiert im *Vorleser* sowohl als Schuldrelativierungsmittel wie auch als Mitleid provozierendes Mittel. Er hindert den Leser daran, sich ein objektives Bild von der Täterin zu machen sowie einen Einblick in ihr Schuldempfinden zu gewinnen; zu sehr dominiert er das Denken und das Empfinden der Protagonistin.[218]

Kathrin Schödel sieht den von Bernhard Schlink inszenierten menschlichen Blick auf die Täter keineswegs als Mittel dafür, die NS-Gräueltaten monströser erscheinen zu lassen, sondern vielmehr als vom Autor angewendeten Kunstgriff, um diese zu entschuldigen und zu relativieren. Dennoch bedarf der Vorwurf einer angeblichen Verschiebung der Täter-Opfer-Perspektive einer gründlicheren Analyse[219]:

---

[218] Kathrin Schödel sieht den *Vorleser* als Darstellung eines deutschen Täters als Opfer. Die Darstellung Hannas als Opfer kommt bereits in ihrem Namen, ein typisch jüdischer Vorname, zum Ausdruck. vgl, hierzu: Schödel, Kathrin: „Jenseits der *political correctness*", S. 314.

[219] Vgl. ebd., S. 310.

Ist die Betonung des Analphabetismus von Hanna ein von dem Autor gewähltes Mittel, um Empathie mit der NS-Täterin zu provozieren? Oder aber wird dem Leser durch die späte Einführung von Hanna als Täterin die Möglichkeit eingeräumt, sich ein objektives Bild von dem Menschen zu machen? Wäre von Anfang an klar gewesen, dass Hannah KZ-Aufseherin war, wäre dem Leser dann die Möglichkeit einer objektiveren Herangehensweise verwehrt geblieben?

Auch wenn der direkte Verweis auf die Holocaust-Thematik erst im zweiten Drittel des Romans zum Ausdruck gebracht wird, erfolgt im *Vorleser* keine Darstellung einer erfolgreichen Vergangenheitsbewältigung. Die Beziehung zwischen Michael als Vertreter der zweiten, der Achtundsechziger-Generation, und Hanna als Repräsentantin der Zeitzeugen-Generation verläuft in keiner Hinsicht harmonisch. Die Kommunikation zwischen den beiden scheitert sowohl während ihrer Liebesbeziehung als auch nach Hannas Verurteilung. Obwohl Michael ihr in regelmäßigen Abständen Aufnahmen mit vorgelesenen Büchern in die Strafvollzugsanstalt schickt, kommt es nur noch zu einem einzigen Gespräch zwischen den beiden. Im Laufe des Romans muss sich der Ich-Erzähler immer wieder fragen, „warum [er es] nicht schaffte, mit Hanna zu reden" (VL 153). Auch das Reden über Hanna gelingt Michael nicht. Als er nach einem Prozesstag fest dazu entschlossen war, einen Einfluss auf das Schicksal Hannas zu nehmen, bittet er den zuständigen Richter um ein Gespräch. In diesem Gespräch wird allerdings lediglich das Jurastudium des Studenten thematisiert, das Thema Hanna bleibt ein weiteres Mal unangesprochen.

Andere Passagen im Text bestärken den Vorwurf einer Opfer-Täter-Verschiebung wiederum besonders deutlich, etwa wenn Michael sich im Laufe des Prozesses betäubt fühlt und mit diesem Gefühl des Betäubtseins einen immanenten Vergleich zu dem Betäubtsein zieht, mit dem Täter und Opfer im Lageralltag gleichermaßen auf Traumata reagieren: Dabei erfolgt die Opfer-Täter-Verschiebung dadurch, dass das „Betäubtsein" der Opfer, die durch die Ungewissheit, ob sie die nächsten Tage überleben werden, mit dem Trancezustand der Täter verglichen wird.

Wie der KZ-Häftling, der Monat um Monat überlebt und sich gewöhnt hat und das Entsetzen der neu Ankommenden gleichmütig registriert. Mit derselben Betäubung registriert, mit der er das Morden und Sterben selbst wahrnimmt. Alle Literatur der Überlebenden berichtet von dieser Betäubung, unter der die Funktionen des Lebens reduziert, das Verhalten teilnahms- und rücksichtslos und Vergasung und Verbrennung alltäglich wurden. Auch in den spärlichen Äußerungen der Täter begegnen die Gaskammern und Verbrennungsöfen als alltägliche Umwelt, die Täter selbst auf wenige Funktionen reduziert, in ihrer Rücksichts- und Teilnahmslosigkeit, ihrer Stumpfheit wie betäubt oder betrunken. [...] (VL 98)

Doch diese Ineinssetzung von Täter- und Opfererfahrung wird im Roman nicht als problematisch reflektiert. Der Ich-Erzähler ist sich lediglich der Problematik bewusst, dass ein Nachkriegsgeborener sein eigenes im Gerichtssaal empfundenes „Betäubtsein" mit dem Gefühl der völligen Ohnmacht im Konzentrationslager, auf Opfer- wie auf Täterseite, in Bezug setzt. Die Schwierigkeit wird Michael im *Vorleser* anhand der Reaktionen anderer deutlich, die von Michael mit solchen Äußerungen konfrontiert werden. So stößt der Erzähler überwiegend auf Unverständnis und Empörung und es wird ihm Respektlosigkeit gegenüber den Millionen Holocaust-Opfern, Überlebenden sowie gegenüber deren Angehörigen vorgeworfen. Diese Reaktionen leiten den Erzähler zu den wesentlichen Fragen bezüglich der Zukunft der Erinnerung an das Dritte Reich:

Was sollte und soll meine Generation der Nachlebenden eigentlich mit den Informationen über die Furchtbarkeiten der Vernichtung der Juden anfangen? Wir sollen nicht meinen, begreifen zu können, was unbegreiflich ist, dürfen nicht vergleichen, was unvergleichlich ist, dürfen nicht nachfragen, weil der Nachfragende die Furchtbarkeiten, auch wenn er sie nicht in Frage stellt, doch zum Gegenstand der Kommunikation macht und nicht als etwas nimmt, vor dem er nur in Entsetzen, Scham und Schuld verstummen kann. Sollen wir nur in Entsetzen, Scham und Schuld verstummen? Zu welchem Ende? Nicht dass sich der Aufarbeitungs- und Aufklärungseifer, mit dem ich am Seminar teilgenommen hatte, in der Verhandlung einfach verloren hätte. Aber dass einige wenige verurteilt, bestraft und dass wir, die nachfolgende Generation, in Entsetzen, Scham und Schuld verstummen würden – das sollte es sein? (VL 99 f.)

Obwohl der Erzähler im Laufe des Romans keineswegs eine Vorbildfunktion hinsichtlich des deutschen Umgangs mit der Vergangenheit übernimmt, wird durch die am Schluss dieses Zitates formulierte rhetorische Frage ein positives Licht auf die erzählerische Instanz geworfen. Obwohl der Erzähler sich in leicht überspitzter Form als Tabubrecher darstellt, der sich über die Diskurszwänge hinwegsetzen will, da diese eine Auseinandersetzung mit dem Thema Holocaust nur verhindern würden, ist seine Frage nach dem angemessenen Umgang mit der nationalsozialistischen Vergangenheit Deutschlands für die nachkommenden Generationen von großer Bedeutung. Auch wenn der *Vorleser* einen durchaus problematischen Zugang zu der Thematik wählt, bietet er eine hervorragende Diskussionsgrundlage, die seine Verankerung im Kanon der deutschen Schullektüre durchaus legitimiert.

3.2.3 *Der Vorleser* und *Ein springender Brunnen* – die literarische Forderung nach einem Umdenken im Erinnerungsdiskurs

Eine komparative Analyse von Bernhard Schlinks *Der Vorleser* und Martin Walsers autobiographischem Roman *Ein springender Brunnen* liegt insofern nahe, als dass den beiden Romanen eine ähnliche Problematik zugrunde liegt. Die Hauptkritikpunkte richten sich gegen eine Verletzung der *political correctness*; die Autoren würden mit ihrer Darstellung der NS-Zeit den Opfern des NS-Regimes sowie deren Angehörigen mit einer extremen Respektlosigkeit begegnen. Sowohl Walser als auch Schlink thematisieren die ästhetische Freiheit des Schriftstellers, die ihnen eine resonanzlose Kritik an dem gegenwärtigen Erinnerungsdiskurs ermöglichen soll. Schlinks Position ist in diesem Kontext jedoch nicht von derselben fordernden Intensität geprägt wie die Walsers. Im *Vorleser* wie auch in *Ein springender Brunnen* wird der Umgang mit der Vergangenheit im kollektiven politischen Erinnerungsdiskurs kritisiert. Bernhard Schlink erreicht dies durch eine geschlossene fiktive Welt, Martin Walser, indem er in den metafiktionalen Einleitungskapiteln über die Schwierigkeit reflektiert, die Vergangenheit in die Gegenwart zu projizieren.[220]

Walsers autobiographischer Roman gliedert sich in eine Kontroverse über die Vergangenheit Deutschlands ein, der die Historisierung und Normalisierung im Umgang mit dem Nationalsozialismus fordert. Schödel sieht in Walsers Roman die praktische Umsetzung der Forderungen des Geschichtswissenschaftlers Martin Broszat, der sich gegen die „pauschale *Moralisierung* der NS-Erfahrung wehrt". Für Broszats Forderung nach einem verantwortungsvollen Umgang mit der Vergangenheit stehen programmatisch die Stichwörter „Alltagsgeschichte, Nahsicht, Verlebendigung, Rückgewinnung von Authentizität und Verständnis".[221]

---

[220] Vgl. Schödel, Kathrin: „Jenseits der *political correctnes*", S. 315.
[221] Berg, Nicolas: „,Auschwitz' und die Geschichtswissenschaft - Überlegungen zu Kontroversen der letzten Jahre'", in: ders. (Hrsg.): *Shoah. Formen der Erinnerung. Geschichte, Philosophie, Literatur, Kunst*, Fink Verlag, München 1996, S. 31-52, hier S. 39, zitiert nach: Schödel, Kathrin: „Jenseits der *political correctness*", S. 317.

Ein positiver Aspekt dieser „Normalisierung" der NS-Zeit liegt darin, dass deutlich wird, durch welche Umstände das Dritte Reich mit seinen Verbrechen überhaupt möglich war, nämlich durch die Tatsache, dass die Mehrzahl der Deutschen nicht wahrgenommen hat oder wahrnehmen wollte, was um sie herum passiert ist. Für dieses Vergangenheitsbild steht Schlink ein, wenn er die selbstgefällige Haltung verurteilt, in der die Deutschen sich nach dem Zerfall des Dritten Reiches bewusst von *den* Tätern und Hitler-Anhängern distanzierten.[222]

Die Hauptproblematik, die Schlinks *Vorleser* mit Walsers *Ein springender Brunnen* teilt, besteht wohl darin, dass die Tätersicht geschildert wird, ohne dass in zwiespältigen Situationen eine auktoriale Instanz bereitsteht, die die problematische Sichtweise der Protagonisten kenntlich macht.

Hans-Joachim Hahn legt dem *Vorleser* zwei mögliche gegensätzliche Lesearten zugrunde. Die eine Leseart versteht den Roman als „*Opfernarrativ*", nach der das Werk einzig und alleine auf das Ziel ausgerichtet ist, die deutsche Schuld an dem Dritten Reich zu relativieren. Die zweite Leseart legt den Schwerpunkt auf die Problematik der Vergangenheitsbewältigung, deren Hauptschwierigkeit in der fehlenden intergenerationellen Kommunikation liegt. Diese drückt sich im *Vorleser* in der Beziehung zwischen Hanna als Zeitzeugin und Michael als Repräsentant der zweiten Generation aus.[223] Anhand der problematischen Beziehung zwischen den beiden, die überwiegend auf das Schweigen Hannas und das daraus resultierende psychische Ungleichgewicht Michaels zurückzuführen ist, veranschaulicht Schlink die Notwendigkeit der intergenerationellen Kommunikation und eines kommunikativen Erinnerungsdiskurses. Damit erfüllt *Der Vorleser* eine didaktische Funktion. Die Hauptproblematik des Romans, die in der ersten Leseart thematisiert wird, besteht darin, dass Hanna als Repräsentantin sämtlicher Täter im nationalsozialistischen Regime dargestellt wird und durch ihre persönliche Schwäche die Schuld der gesamten Täterschaft eine Verharmlosung erfährt. Aber kann Hanna tatsächlich als typische Täterin im Dritten Reich gesehen werden? Kommt eine Differenzierung hinsichtlich des Verantwortungsgrades der Täter einer Relativierung gleich?

Ruth Klüger hat sich als KZ-Überlebende immer wieder für eine differenziertere Auseinandersetzung mit dem Thema Holocaust und explizit gegen Verallgemeinerungen und

---

[222] Vgl. Schödel, Kathrin: „*Jenseits der political correctness*", S. 317.
[223] Hahn, Hans-Joachim: *Repräsentationen des Holocaust*, S. 219f.

Klischees in Bezug auf die Shoah ausgesprochen. In ihrer Autobiographie relativiert sie die Verantwortung der KZ-Aufseherinnen gegenüber anderen Tätern im Regime:

> Über die Grausamkeit der Aufseherinnen wird viel geredet und wenig geforscht. Nicht dass man sie in Schutz nehmen soll, aber sie werden überschätzt. Sie kamen aus kleinen Verhältnissen, und man steckte sie in Uniformen, denn irgendwas mussten sie tragen und natürlich nicht Zivil für diesen Dienst in Arbeitslager und KZ. Ich glaube auf Grund dessen, was ich gelesen, gehört und selbst erfahren habe, dass sie im Durchschnitt weniger brutal waren als die Männer, und wenn man sie heute im gleichen Maße wie die Männer verurteilt, so dient ein solches Urteil als Alibi für die eigentlichen Verantwortlichen.[224]

Eine geradlinige Trennung zwischen den beiden Lesearten von Schlinks Roman scheint schwierig, denn keine der beiden für sich wird dem Roman gerecht. Die erste Leseart missachtet die Themenkomplexität des Romans, während die zweite die durchaus vorhandenen problematischen Szenen nicht mit in Betracht zieht. Aus diesem Grund wäre eine Kombination beider Lesearten für eine angemessene Analyse des *Vorlesers* angebracht. Für das vorliegende Buch spielt die Fokussierung auf die zweite Leseart, die die Schwierigkeit im Umgang zwischen der ersten und der zweiten Generation thematisiert, eine besonders wichtige Rolle. Hier kommt der Generationsgeist des Autors zum Ausdruck, der Geist der Achtundsechziger-Generation, die sich zum Ziel gesetzt hat, das kollektive Schweigen der Elterngeneration zu brechen.

3.2.4 Bernhard Schlink als Kritiker der Achtundsechziger-Ideologie

Der Autor Bernhard Schlink wurde im Jahre 1944 in der Nähe von Bielefeld als Sohn eines Theologieprofessors geboren. Er beginnt ein Jurastudium an der Universität in Heidelberg, an der er im Jahr 1975 promovierte. Ab diesem Zeitpunkt übte er verschiedene juristische Tätigkeiten aus. Als Autor wurde Schlink erst einige Jahre später tätig, sein Debütroman *Selbs Justiz*, den er zusammen mit einem Freund, Walter Popp, schrieb, wurde im Jahr 1987 veröffentlicht.

In einem *Spiegel*-Artikel skizziert der Autor und Jurist seine Generation der Achtundsechziger, von deren Entwicklung über die Jahre hinweg er sich wenig begeistert zeigt. Er beschreibt, wie seine Generation, sich einschließend, durch den Prager Frühling und die Demokratisierung der Gesellschaft begeistert, allmählich zu einem politischen Bewusstsein gelangte. Er kritisiert die Entwicklung dieser Generation, die früher „die Ge-

---

[224] Klüger, Ruth: *weiter leben. Eine Jugend*, Deutscher TaschenBuch Verlag, Göttingen 1994, S. 146.

sellschaft mit ihren Visionen einer neuen, anderen, besseren Welt überfordert [hat]",
aber schließlich im Laufe der Jahre ihren kritischen Blick verlor und zunehmend einen
besserwisserischen Habitus verinnerlichte:

> Die Generation ist erschöpft. Nicht nur in der Politik – von den engagierten Leh-
> rern meiner Generation sind viele ausgebrannt und pensioniert; die ehedem
> kritischen Anwälte und Ärzte sind im vorgerückten Alter vielleicht freizeit- und
> lebensqualitätsbewusster, aber nicht weniger angepasst als ihre unkritisch ange-
> tretenen Kollegen; bei den Journalisten ist an die Stelle früherer kritischen
> Aufbegehrens die besserwisserische Attitüde getreten [...].[225]

Mit seinem Werk *Der Vorleser* grenzt er sich von der so beschriebenen Achtundsechziger-Generation weitgehend ab. Schlink lehnt die Schwarz-Weiß-Malerei seiner Alters-
genossen ab und zeigt „die Schwierigkeiten, die es mit sich bringt, wenn kein einfaches
Gut-böse-Schema in der Verurteilung ‚der Väter' angewandt wird."[226] Die Achtundsechziger-Ideologie wird im *Vorleser* anhand der Seminarteilnehmer, zu denen Michael
Berg auch selbst gehört, hinsichtlich des Umgangs mit der Vergangenheit als die Art
der instrumentalisierenden Kritik und selbstgefälligen Abgrenzung identifiziert, die bereits von Walser in seiner Friedenspreisrede zurückgewiesen wurde:

> Wir Studenten des Seminars entwickelten eine starke Gruppenidentität. Wir vom KZ-
> Seminar – zunächst nannten die anderen Studenten es so und bald auch wir selbst. Was
> wir machten, interessierte die anderen nicht; es befremdete viele, stieß manche geradezu
> ab. Ich denke jetzt, dass der Eifer, mit dem wir Furchtbarkeiten zur Kenntnis nahmen und
> anderen zur Kenntnis bringen wollten, tatsächlich abstoßend war. Je furchtbarer die Er-
> eignisse waren, über die wir lasen und hörten, desto gewisser wurden wir unseres aufklä-
> rerischen und anklägerischen Auftrags. Auch wenn die Ereignisse uns den Atem stocken
> ließen – wir hielten sie triumphierend hoch. (VL 88)

Diese Haltung des Ich-Erzählers verändert sich im Laufe des Romans durch die von
Schlink evozierte menschliche Sicht auf die Täter, die Michael in der Begegnung mit
Hanna auf der Anklagebank erfährt. Die darauffolgende Auseinandersetzung mit der
Schuld Hannas weist mit Sicherheit problematische Züge auf, dennoch kommt sie viel-
leicht einer ehrlicheren Beschäftigung mit dem Thema nach als die allgemein pauschali-
sierenden Urteile der Achtundsechziger-Generation. Bernhard Schlink kritisiert im
SPIEGEL-Gespräch die Ideologie der eigenen Generation wie folgt:

---

[225] Schlink, Bernhard: „Die erschöpfte Generation", in: *Der Spiegel*, 30.12.2002, Ausgabe 1/2003,
<http://www.spiegel.de/spiegel/print/d-26024566.html> (Stand 31.05.2011)
[226] Schödel, Kathrin: „Jenseits der *political correctness*", S. 313.

Wir sind eine sehr selbstgerechte Generation gewesen – und geblieben. Denken Sie nur an den moralisierenden Ton, den es bis heute gibt. [...] Bei der Bewältigung der Nazi-Vergangenheit haben die Richter versagt, wir, die Richter der 68er-Generation machen es richtig! Mir ist er unheimlich, dieser selbstgerechte moralische Eifer.[227]

Auch diese Aussage des Autors lässt die Nähe zu Martin Walsers Aussagen in seiner Friedenspreisrede erkennen. Wie Walser besteht Schlink auf der Notwendigkeit eines individuellen Gewissens, das nicht durch die pauschalisierenden, moralisierenden Urteile des kollektiven Gewissens neutralisiert wird:

> Ich fand die Rede [Walsers Friedenspreisrede ; Anmerkung der Verfasserin] gut, weil sie die Individualität, die Privatheit des Gewissens betont hat – dieser Gedanke droht immer wieder verloren zu gehen. Es gibt eine öffentliche Verwaltung des Gewissens, die das Eigentliche des Gewissens verfehlt. Zugleich hat Walser diesen wichtigen Gedanken nicht so klar entwickelt, dass er nicht missverstanden werden konnte.[228]

In der Tat ist die Auseinandersetzung mit dem eigenen Gewissen auch für die zweite, die dritte und die nachfolgenden Generationen von Bedeutung. Denn obwohl es nicht mehr um die Auseinandersetzung mit einem direkten, konkreten Schuldanteil geht, ist vor allem die Betrachtung der Frage wichtig, wie jeder individuell wohl innerhalb eines totalitären Regimes gehandelt hätte. Diese Gewissensfragen erfordern eine viel authentischere Auseinandersetzung mit der Vergangenheit und kommen Ruth Klügers Forderung nach einer ehrlichen Konfrontation mit dem Thema Nationalsozialismus nach.

---

[227] Doerry, Martin; Hage, Volker: „Ich lebe in Geschichten". SPIEGEL-Gespräch mit Bernhard Schlink, in: Der Spiegel, 24.10.2000, http://www.spiegel.de/spiegel/print/d-15502682.html (Stand: 24.5.2011)
[228] Ebd.

4 Die Enkelgeneration

Als dritte Generation soll die Enkelgeneration der Zeitzeugen in der vorliegenden Untersuchung betrachtet werden. Ihre Vertreter haben gemeinsam, dass ihre Großeltern den Nationalsozialismus als Jugendliche miterlebten, demnach also vor 1925 geboren wurden. Damit handelt es sich bei den Großeltern nicht um Anhänger der Flakhelfer-Generation, sondern der Weimarer Generation. Dieser Umstand ist besonders im Hinblick auf die Frage nach dem Umgang mit der Schuld relevant, da die Weimarer Generation in einem höheren Maße als die Flakhelfer-Generation Schuld an den Verbrechen des Regimes trägt. Die Anhänger der Enkelgeneration sind nach Britta Gries zwischen 1970 und 1978 geboren und grenzen sich von den vorherigen Generationen dadurch ab, dass sie ihr Wissen über die NS-Ideologie überwiegend aus der öffentlich zelebrierten Erinnerungskultur erworben haben.[229]

Wie bereits erwähnt, ist mit der Ära Willy Brandt ein wichtiger Schritt in der deutschen Erinnerungskultur erfolgt. Trotzdem erreichten in den siebziger Jahren die Debatten um die nationalsozialistische Zeit noch nicht die breite Öffentlichkeit. Sie wurden überwiegend zwischen Experten, also Historikern, ausgetragen, was dazu führte, dass die Thematik für den normalen Durchschnittsbürger zunächst sehr fachspezifisch und undurchsichtig erschien. Ende der siebziger Jahre begann dann die Wahrnehmung der Bevölkerung für diese Thematik sich allmählich zu schärfen und es entwickelte sich ein Bedürfnis der „Vergangenheitsbewahrung", das sich bis in das 21. Jahrhundert fortsetzt. In diese Zeitstimmung wuchsen die Anhänger der Enkelgeneration hinein und wurden mit den so geprägten gesellschaftlichen Denk- und Gefühlsmustern vertraut. Sie schlossen sich dem Zeitgeist der 1980er Jahre an, der ganz im Zeichen der Identifikation mit den Opfern des Holocausts stand. Von dieser Stimmung zeugte auch die Rede von Richard Weizsäcker am 8. Mai 1985, in der der damalige Bundespräsident den Fokus des Gedenkens auf die verschiedenen Opfergruppen des NS-Regimes lenkte und somit einen wichtigen Beitrag für einen angemessenen Umgang mit der nationalsozialistischen Vergangenheit leistete.[230]

Die Enkelgeneration der Zeitzeugen wuchs in einer Zeit heran, in der über die Frage nach einem angemessenen Umgang mit der Vergangenheit der eigenen Nation in vielen

---

[229] Vgl. Gries, Britta: *Die Grass-Debatte. Die NS-Vergangenheit in der Wahrnehmung von drei Generationen*, S. 19.
[230] Vgl. Gries, Britta: *Die Grass-Debatte. Die NS-Vergangenheit in der Wahrnehmung von drei Generationen*, S. 41.

öffentlichen und politischen Debatten diskutiert wurde. Denn obwohl in einer Vielzahl von Gedenktagen die Erinnerung an die Opfer des Regimes in der Öffentlichkeit aufrechterhalten bleibt, wird gleichzeitig, wie die Walser-Bubis-Debatte deutlich zeigt, das Verlangen nach einem ungezwungeneren Umgang mit der Vergangenheit deutlich.[231] Allgemein grenzt die Enkelgeneration der Zeitzeugen sich von den vorherigen Generationen durch die natürliche, unbefangene Umgehensweise mit der nationalsozialistischen Vergangenheit ab. Sie erfuhren die nationalsozialistische Zeit von klein auf als festes Element der deutschen Kultur, sowohl auf theoretischer wie auch auf praktischer Ebene. Durch den intergenerationellen Austausch mit der Zeitzeugen-Generation erhält das durch die Schule und die Medien theoretisch vermittelte Wissen eine praktische Fundierung.[232]

Eine homogene Art und Weise des Umgangs mit der Vergangenheit lässt sich auch in der Enkelgeneration der Zeitzeugen nicht festmachen. Michael Kohlstruck unterteilt diese dritte Nachkriegsgeneration in drei verschiedene Typen: Für den einen Typus dieser Generation hat die nationalsozialistische Vergangenheit einen hoch emotionalen Stellenwert und einen großen Einfluss auf das alltägliche Leben dieser Menschen, der häufig Identifikationsprobleme mit Deutschland mit sich bringt. Als zweiter Typus beschreibt Kohlstruck diejenigen, für die der deutsche Nationalsozialismus fester Bestandteil der deutschen Geschichte ist und die aktuelle Geschehnisse vor diesem Hintergrund wahrnehmen. Der Unterschied zu dem ersten Typus besteht darin, dass die Zugehörigen der letztgenannten Gruppe die Vergangenheit als Geschichte betrachten können, auf die zwar immer zurückgegriffen werden muss, wenn es um gegenwärtige Fragen geht, wobei die Vergangenheit dennoch nicht zum immanenten Bestandteil des Alltags dieser Personen wird.

Für den dritten Typus der Enkelgeneration der Zeitzeugen ist die nationalsozialistische Vergangenheit Teil der Geschichte, allerdings in einem Maß, in dem sie keine Relevanz für die aktuelle Gegenwart hat.[233] Diese intragenerationellen Unterscheidungen sind, Britta Gries zufolge, durch den sehr heterogenen Umgang mit der Vergangenheit in der Öffentlichkeit der 1980er Jahre, in denen diese Generation heranwuchs, bedingt.

Das Ende des Kalten Krieges im Jahr 1990 brachte in Bezug auf die Erinnerungskultur eine neue Herausforderung: Zwei politisch gegensätzliche Systeme wurden mit ihren

---

[231] Vgl. ebd.
[232] Ebd., S. 43.
[233] Vgl. Kohlstruck, Michael: *Zwischen Erinnerung und Geschichte. Der Nationalsozialismus und die jungen Deutschen*, S. 93.

unterschiedlichen Ansichten und Wertvorstellungen zusammengeführt und sollten fortan einer gemeinsamen Vergangenheit gedenken. Die Problematik erwies sich allerdings als weniger ausgeprägt, als befürchtet: Die Erinnerungskultur der alten Bundesrepublik setzte sich in den Schulen und in der Öffentlichkeit weitestgehend durch.[234]

Die Walser-Bubis-Debatte gilt als eine der bedeutendsten Debatten in der Erinnerungskultur der 1990er. Sie ist allerdings nicht die einzige öffentliche Auseinandersetzung mit der Thematik, insgesamt wurde dieses Jahrzehnt von vielen Kontroversen in Bezug auf den Umgang mit der NS-Vergangenheit geprägt. Auffällig ist, dass die Vertreter der Enkelgeneration innerhalb dieser Diskurse eine relativ passive Haltung einnahmen.[235] Als Grund für diese Passivität könnte die Tatsache gelten, dass sie mit der NS-Ideologie nur in theoretischer oder überlieferter Form konfrontiert wurden. Als anderen möglichen Grund gibt Britta Gries einen „stillen Generationenkonflikt" an, der auf einem Abgrenzungsbedürfnis gegenüber der vorherigen Generation beruhen könnte. In dem Sinne, wie die Achtundsechziger-Generation sich radikal von der Elterngeneration abzugrenzen versuchte, streben die Anhänger der Enkelgeneration der Zeitzeugen ebenfalls eine „generationsspezifische Identität" an, indem sie gegenüber der intensiven Thematisierung jener Elterngeneration eine Abwehrhaltung einnehmen. Auch die im Jahr 1998 ausgetragene Walser-Bubis-Debatte war fast ausschließlich eine Kontroverse zwischen Anhängern der Flakhelfer-Generation; die Enkelgeneration nahm die Position des Beobachters ein.

Die Enkelgeneration der Zeitzeugen, die durch die mündlichen Überlieferungen der Großeltern, als letzter Generation von Zeitzeugen, einen direkten Bezug zu der Vergangenheit ihrer Nation erfährt, steht in der großen Verantwortung, die Erinnerungskultur aufrechtzuerhalten und an die kommenden Generationen weiterzugeben, denn, wie Aleida Assmann es ausdrückt, die Erinnerung ist eine „ethische Pflicht", die „einen nachträglichen Widerstand" gegen die NS-Ideologie ausdrückt. [236]

In dem Werk *Geschichtsvergessenheit – Geschichtsversessenheit* weist Assmann auf einen deutlich bemerkbaren Perspektivenwechsel der Enkelgeneration im Vergleich zu

---

[234] Vgl. Gries, Britta: *Die Grass-Debatte. Die NS-Vergangenheit in der Wahrnehmung von drei Generationen*, S. 45. (Die nähere Betrachtung der Erinnerungskultur in der DDR wäre sicherlich interessant, würde den Rahmen der vorliegenden Buch allerdings überschreiten.)

[235] Vgl. für diesen Abschnitt: Gries, Britta: *Die Grass-Debatte. Die NS-Vergangenheit in der Wahrnehmung von drei Generationen*, S. 47f.

[236] Assmann, Aleida: *Der lange Schatten der Vergangenheit. Erinnerungskultur und Geschichtspolitik*, S. 91.

der elterlichen Achtundsechziger-Generation hin, der eine neue Herangehensweise an die Holocaust-Thematik ermöglicht. Das Interesse ist nunmehr zunehmend auf konkreter, individueller Ebene anzusiedeln, so richten sich die Fragen vor allem an die konkreten Alltagserfahrungen im Dritten Reich und nicht so sehr auf die politisch historische Ebene des Regimes. Als weiteres Zeichen für eine aktive Teilnahme der Enkelgeneration an der Vergangenheitsbewahrung gilt die ansteigende Zahl von zunehmend jüngeren Besuchern in den KZ-Gedenkstätten. Ein im Jahr 1980 ausgetragenes Preisausschreiben mit dem Titel „Alltag im Nationalsozialismus", das im Rahmen eines Schülerwettbewerbs durchgeführt wurde, hatte eine dreifach höhere Teilnehmerzahl zu vermerken als ähnliche Wettbewerbe einige Jahre früher.[237] Demnach scheint das von Ruth Klüger geforderte Umdenken in der Holocaust-Thematik allmählich Früchte zu tragen, insbesondere weil die jüngeren Generationen durch ihre Biographien persönlich unbelastet sind und deswegen die von Klüger geforderte aufrichtige Auseinandersetzung mit der Thematik besser umzusetzen wissen.

Im Folgenden wird zu zeigen sein, wie sich der Blick der Enkelgeneration auf die Zukunft der Erinnerung auswirkt, welche Problematik das Wegfallen der Zeitzeugen-Generation mit sich bringt und vor allem welche Herausforderungen eines zukünftigen Erinnerungsdiskurses die kommenden Generationen bewältigen müssen.

4.1 Die Zukunft der Erinnerung

Die deutsche Vergangenheit ist auch über sechzig Jahre nach der Befreiung Deutschlands noch fest im kollektiven Gedächtnis verankert. Im politisch-öffentlichen Kollektiv erfolgt eine organisierte Erinnerungsarbeit, die sich z. B. in zahlreichen Gedenkstätten, Gedenktagen sowie anhand der Historiographie manifestiert. Parallel zu diesem institutionalisierten Gedenken machen öffentlich geführte Debatten und die Reaktionen aus der Bevölkerung deutlich, welchen Stellenwert die Vergangenheit der eigenen Nation in den Köpfen der Deutschen noch immer besitzt. Die Betrachtung der in diesem Buch behandelten Walser-Bubis-Debatte aus dem Jahr 1998 zeigt besonders deutlich die Vehemenz, mit der das Thema auch noch nach dem *offiziellen* Ende des Nachkriegsdeutschlands diskutiert wird.[238]

---

[237] Vgl. Assmann, Aleida; Frevert, Ute: *Geschichtsvergessenheit - Geschichtsversessenheit*, S. 264.
[238] Wie bereits in Kapitel 2.3.1 angesprochen wurde, ist mit dem Anschluss der DDR an die Bundesrepublik, nach Meinungen vieler ein endgültiges Ende des Nachkriegsdeutschlands erfolgt.

Dennoch zeigt eine genauere Betrachtung auch, dass die Heftigkeit, mit der die Debatte geführt wurde, ausschließlich auf die persönlichen Erfahrungen der beiden Hauptprotagonisten zurückzuführen ist. Die anderen Hauptakteure dieser Debatte waren ebenso zum größten Teil Generationsgenossen von Ignatz Bubis und Martin Walser. Demnach steht die Bundesrepublik vor dem Problem, dass mit dem allmählichen Wegfallen der Zeitzeugen-Generation auch eine Dimension der Auseinandersetzung mit dem Dritten Reich schwinden wird, nämlich die Dimension der persönlichen Erfahrung und Erinnerung. Die Politik ist sich dieser Herausforderung durchaus bewusst; in den Ministerien der sechzehn Bundesländer wurden bereits sogenannte „Zukunftswerkstätten" eingerichtet, deren Hauptaufgabe darin besteht, sich über die Zukunft der Erinnerungskultur nach dem Verlust der Zeitzeugen zu beratschlagen.[239]

Die Frage, ob die Erinnerung an das dunkelste Kapitel der deutschen Geschichte überhaupt Einzug in das Gedächtnis der nachfolgenden Generationen haben soll, erübrigt sich aus zwei Gründen. Als erster Grund gilt die Verantwortung gegenüber den sechs Millionen Opfern, gegenüber den Holcaust-Überlebenden sowie deren Angehörigen. Das Ausmaß des Verbrechens schließt die Möglichkeit einer Wiedergutmachung im wörtlichen Sinne aus. Umso wichtiger ist die ethische Verpflichtung zur Aufrechterhaltung des Gedenkens an die Opfer und die Sorge dafür, dass sich diese Geschichte nie wiederholt. Aus dieser Perspektive erscheint die Walser'sche Forderung des Rückzugs vom kollektiven in ein so nicht mehr mögliches individuelles Gedächtnis als besonders abwegig.

Ein weiterer Grund, aus dem Auschwitz immer ein wesentlicher, wenn nicht der wesentlichste Teil in der deutschen Geschichte schlechthin bleiben wird, ist die Tatsache, dass Auschwitz nicht ein einfacher Einschnitt in die Geschichte darstellte, sondern „die fundamentale Umwertung der Werte, der dramatische Bruch zwischen [zwei] Systemen."[240]

Demnach scheint die Gefahr, dass die nationalsozialistische Vergangenheit Deutschlands für die nachfolgenden Generationen in Vergessenheit gerät, relativ gering, vielmehr geht es um die Frage, auf welche Weise sich der Zeitzeugen-Verlust auf die Erinnerung auswirkt. Die Herausforderung besteht darin, das Erfahrungsgedächtnis der Zeitzeugen in ein mediengestütztes Gedächtnis umzuwandeln. Der Historiker Reinhard

---

[239] Assmann, Aleida; Frevert, Ute: *Geschichtsvergessenheit - Geschichtsversessenheit. Vom Umgang mit deutschen Vergangenheiten nach 1945*, Deutsche Verlags-Anstalt, Stuttgart 1999, S. 21.
[240] Vgl. Assmann, Aleida; Frevert, Ute, *Geschichtsvergessenheit - Geschichtsversessenheit. Vom Umgang mit deutschen Vergangenheiten nach 1945*, S. 27.

Koselleck beschreibt den Prozess als einen Übergang von persönlicher Geschichtserfahrung hin zu der wissenschaftlichen Geschichtsforschung:

> Die Forschungskriterien werden nüchterner, sie sind aber auch vielleicht *farbloser*, weniger empiriegesättigt, auch wenn sie mehr zu erkennen oder zu objektivieren versprechen. Die moralische Betroffenheit, die verkappten Schutzfunktionen, die Anklagen und die Schuldverteilungen der Geschichtsschreibung – all diese Vergangenheitsbewältigungstechniken *verlieren* ihren politisch-existentiellen Bezug, sie *verblassen* zugunsten von wissenschaftlicher Einzelforschung und hypothesengesteuerten Analysen.[241]

Die Tendenzen in der Erinnerungskultur in den letzten zwanzig Jahren revidieren Reinhard Kosellecks Vermutung insofern, als dass die Walser-Bubis-Debatte sowie unzählige andere Kontroversen um das Thema Erinnerung an den Nationalsozialismus bezeugen, dass der Erinnerungsdiskurs lebendiger denn je geführt wird. Auch die Reaktionen auf die in diesem Buch analysierten Texte zeigen, dass das Thema der nationalsozialistischen Vergangenheit Deutschlands keineswegs nur noch *verblasst* in der Geschichtsforschung existiert, im Gegenteil, die Thematik scheint heute präsenter, als sie es in der unmittelbaren Nachkriegszeit gewesen ist. Als bereits mehrfach erwähnter Grund hierfür ist der kollektive Schockzustand zu nennen, der nach 1945 mehrere Jahrzehnte die Stimmung in Deutschland prägte. Die Deutschen haben diesen Zustand überwunden, und obwohl, wie später noch deutlich wird, durchaus optimistisch in die Zukunft des Erinnerungsdiskurses geblickt werden kann, wird der Erinnerungs-*Hype*[242] nicht in der gleichen Intensität anhalten, wie es gegenwärtig der Fall ist. Denn die Fokussierung auf die Thematik, wie sie in den letzten Jahren zu beobachten ist, kann man dem zunehmenden Zeitdruck zuschreiben, unter dem die Zeitzeugen noch persönlich Zeugnis ablegen können.[243]

Die größte Problematik, die die kommenden Generationen im Erinnerungsdiskurs zu bewältigen haben, besteht wohl darin, einen Mittelweg zwischen der Abtragung der Erinnerung an die Vergangenheit und einer verzerrten Darstellungsweise Letzterer zu

---

[241] Koselleck, Reinhart, Nachwort, in: Beradt, Charlotte, *Das Dritte Reich des Traums*, Frankfurt am Main 1994, S. 117-132, hier S. 117, zitiert nach: Assmann, Aleida; Frevert, Ute, *Geschichtvergessenheit, Geschichtsversessenheit*, S. 28.
[242] Grundsätzlich lassen sich zwei verschiedene Richtungen im gegenwärtigen Erinnerungsdiskurs feststellen, einerseits eine, die nach einer *Vergangenheitsbewältigung* strebt, das heißt danach, die Vergangenheit der Nation so aufzuBuchen, dass allmählich ein Schlussstrich gezogen werden kann, andererseits die Richtung, die im Zeichen der *Vergangenheitsbewahrung* steht. Diese Strömung knüpft an die Rede von Richard Weizsäcker im Jahr 1985 an und ist sich bewusst, dass ein verantwortungsvoller Umgang mit der eigenen Vergangenheit einen solchen Schlussstrich verwehrt, eine Wiedergutmachung nicht möglich ist, demnach eine solidarische Erinnerung als einziger möglicher Umgang in Betracht kommt. Vgl hierzu: Assmann, Aleida; Frevert, Ute: *Geschichtsvergessenheit – Geschichtsversessenheit*, S. 145.
[243] Vgl. ebd., S. 29.

finden. Die Gefahr einer verzerrten Darstellungsweise geht vor allem von der zunehmenden Medialisierung des Holocaust-Gedächtnisses aus, weshalb der von Martin Walser geäußerten Kritik auch in einem gewissen Maße zuzustimmen ist. Wie bereits erwähnt wurde, bieten die Medien lediglich eine Plattform für die Aufrechterhaltung der
Präsenz im kollektiven Gedächtnis, sie dienen als Grundlage für konstruktive Debatten,
die durch einen kritischen Blick auf die politisierte Medialisierung erfolgen sollen.
Demnach geht es für den zukünftigen Erinnerungsdiskurs nicht so sehr um die mediale
Darstellungsweise an sich, sondern um den bedeutenden Beitrag, den die unterschiedlichen Kontroversen für einen angemessenen Umgang mit der Vergangenheit liefern. Ein
eindrucksvolles Beispiel, in welcher Form die verschiedenen Debatten einen positiven
Einfluss auf den Erinnerungsdiskurs nehmen können, zeigt der im Jahre 1986 ausgetragene „Historikerstreit". In dieser Debatte, die ausschließlich auf fachlicher Ebene ausgetragen wurde, ging es um die Auslegung des nationalsozialistischen Regimes, um
„die Singularität oder Vergleichbarkeit seines Massenmordes"[244]. Als Ursache der Debatte galt der Vorwurf des Philosophen Jürgen Habermas, einige Historiker, darunter
Ernst Nolte, würden eine „Entsorgung" der nationalsozialistischen Vergangenheit an-
streben.[245] Das Ende der Debatte markierte die positive Erkenntnis, dass die Argumen-
tationsströmung, die die Einzigartigkeit der nationalsozialistischen Mord-Maschinerie
einklagte, deutlich an Einfluss und Überzeugung hinzugewonnen hatte.[246]

Den Anreiz, sich mit der nationalsozialistischen Thematik auseinanderzusetzen, wird
bei der Enkelgeneration in den meisten Fällen durch die Lektüre von Holocaust-
Literatur, durch Filme, die die Thematik behandeln, oder durch den Unterrichtsstoff in
der Schule oder an der Universität ausgelöst. Anders als bei der Achtundsechziger-
Generation bieten nicht mehr die elterlichen Biographien die Grundlage für die Beschäftigung mit der NS-Vergangenheit. Demnach hängt die Zukunft der Erinnerung
auch im weitesten Sinne von der Darstellung der Vergangenheit im öffentlichen Erinnerungsdiskurs ab. Für die Zukunft der Erinnerung bedeutet dies, dass der Erinnerungsdiskurs sich zunehmend von der Ebene des Familiengedächtnisses löst und lösen muss.
Dieser Umstand hat allerdings nicht zur Folge, dass die familiäre Ebene im Umgang mit
der Vergangenheit keine Rolle mehr spielt, der Bezug der individuellen Familiengeschichte zu der historiographischen Realität wird nicht zuletzt deswegen eine Rolle

---

[244] Aleida; Frevert, Ute: *Geschichtsvergessenheit – Geschichtsversessenheit,* S. 260.
[245] Vgl. hierzu: Augstein, Rudolf: *„Historikerstreit". Die Dokumentaion der Kontroverse um die Einzig-*
artigkeit der nationalsozialistischen Judenvernichtung, Piper Verlag, München 1987, S. 281.
[246] Vgl. Assmann, Aleida; Frevert, Ute: *Geschichtsvergessenheit - Geschichtversessenheit,* S. 260.

spielen, weil die Familie nach wie vor eine der wichtigsten Komponenten des sozialen Bezugrahmens darstellt, anhand dessen die Rekonstruktion der Vergangenheit überhaupt erfolgen kann. Der Unterschied liegt in dem Beweggrund dafür, sich der Thematik anzunähern, und dieser wird für die nachfolgenden Generationen wohl eher in der Frage liegen, welche Bedeutung die Vergangenheit der Bundesrepublik für die persönliche Identifikation mit der deutschen Nation besitzt.

4.2 Die Rolle der Literatur im zukünftigen Erinnerungsdiskurs

„Man hat kein Maß mehr, für nichts, seit das Menschenleben nicht mehr das Maß ist"[247], beschreibt der jüdische Schriftsteller Elias Canetti angesichts der abgründigen Brutalität der NS-Verbrechen den allgemein seelischen Zustand im Nachkriegsdeutschland. Die Sprache gehörte selbstverständlich ebenso zu den Dingen, die von Auschwitz nicht unverändert blieben und in dieser Hinsicht ist die Frage nach der Beziehung zwischen Literatur und deutscher Vergangenheit zu einer viel diskutierten Thematik avanciert. Grundsätzlich sind zwei divergierende Auffassungen voneinander zu unterscheiden. Die eine Richtung spricht der Literatur jegliche Daseinsberechtigung nach Auschwitz ab, zu sehr habe die Sprache gelitten, zu wenig könne das Grauen durch sie erfasst werden. Deswegen fordert der israelische Schriftsteller Aharon Appelfeld: „Keep literature out of that fire zone. Let the numbers speak, let the documents and the well-established facts speak."[248] Der Autor fordert eine ausschließlich historiographische Auseinandersetzung mit dem Holocaust, eine auf Zahlenmaterial und Dokumente gestützte Verarbeitung des Nationalsozialismus, weil sie die einzige realitätsgetreue Vergegenwärtigung des Themas Auschwitz darstellt. Die andere Auffassung spiegelt die wohl bekannteste und meist diskutierte Äußerung in Bezug auf die Beziehung zwischen Literatur und Holocaust des Philosophen und Soziologen Theodor W. Adorno wider:

> Noch das äußerste Bewusstsein vom Verhängnis droht zum Geschwätz zu entarten. Kulturkritik findet sich der letzten Stufe der Dialektik von Kultur und Barbarei gegenüber: nach Auschwitz ein Gedicht zu schreiben, ist barbarisch, und das frisst auch die Erkenntnis an, die ausspricht, warum es unmöglich ward, heute Gedichte zu schreiben.[249]

---

[247] Canetti, Elias: *Die Provinz des Menschen,* Hanser Verlag, München 1973, S. 9.
[248] Appelfeld, Aharon: „After the Holocaut", in: Lang, Berel (Hrsg.): *Writing and the Holocaust,* Holmes & Meiner Verlag, New York 1988, S. 83-92, hier S. 83.
[249] Adorno, Theodor W.: „Kulturkritik und Gesellschaft", in: Tiedemann, Rolf (Hrsg.): *Theodor W. Adorno. Gesammelte Werke,* Suhrkamp Verlag, Frankfurt am Main 1997, Bd. 10.1, S. 11-30, hier: S. 30.

Adorno macht auf die Dürftigkeit der Sprache aufmerksam[250], dem Grauen auf adäquate, respektvolle Weise zu begegnen, gleichsam betont er aber die Notwendigkeit einer künstlerisch ästhetischen Aufarbeitung des Holocausts[251]:

„Weil jedoch die Welt den eigenen Untergang überlebt hat, bedarf sie gleichwohl der Kunst als ihrer bewusstlosen Geschichtsschreibung. Die authentischen Künstler der Gegenwart sind die, in deren Werken das äußerste Grauen nachzittert.[252]

Nach George Steiner, der sich als einer der ersten mit der problematischen Beziehung zwischen Holocaust und Literatur auseinandergesetzt hat, liegt in dem Musischen, dem Lyrischen eine Möglichkeit der klaren Abgrenzung zu dem nazistischen Sprachmissbrauch.[253] Demnach fungiert der Rückzug in die Sprache, in die Literatur als vertretbare Möglichkeit, das Thema Holocaust zu konfrontieren. [254]

Auch Alvin Rosenfeld betont in seinem Werk *A Double Dying*, dass trotz des problematischen Umgangs mit der Erinnerung an die Shoah ihre Thematisierung in der Kunst und damit auch in der Literatur durchaus sinnvoll ist, wenn die Literatur sich ihrer Grenzen, das heißt der Unzulänglichkeit der Sprache, mit der sie an die historische Realität appelliert, bewusst ist.[255] Literatur ist Fiktion und die fiktionale Darstellung des Holocausts zieht immer ethische Probleme nach sich, da sie immer unter dem Verdacht steht, durch die Literarisierung des Holocausts die Opfer erneut, postum zu demütigen.[256] Solange die literarische Fiktion also nicht versucht mit der historisch-politischen Realität zu konkurrieren[257], leistet sie einen enorm wichtigen Beitrag für den Erinnerungsdiskurs der nachfolgenden Generationen.

Die Ignorierung dieses Punktes hat, wie die Literaturkritiken an den hier analysierten Werken gezeigt haben, immer wieder zu heftigen Kontroversen geführt. Der Hauptstreitpunkt in diesen jüngsten Literaturdebatten zwischen Schriftstellern und Literaturkritikern beinhaltet die Frage, ob es in der Literatur vielmehr um den Zeitgeist geht, um

---

[250] Diese Aussage des Autors wurde oft so ausgelegt, als würde Adorno die verlorene Daseinsberechtigung der Künste nach den Greueltaten von Auschwitz zum Ausdruck bringen wollen.
[251] Vgl. Freiburg, Rudolf; Bayer, Gerd: „Einleitung: Literatur und Holocaust", in: ders., *Literatur und Holocaust,* Königshausen & Neumann Verlag, Würzburg 2009.
[252] Adorno, Theodor W.: „Jene zwanziger Jahre", in: Tiedemann, Rolf (Hrsg.): *Gesammelte Schriften,* Suhrkamp Verlag, Frankfurt am Main 1977, Bd.10.2, S. 499-506, hier: S. 506.
[253] Vgl. hierzu: Steiner, George: „The Hollow Miracle", in: ders., *Language and Silence: Essays on Language, Literature and the Inhuman,* Yale UP, New Haven 1998, S. 95- 109.
[254] Diese Idee erinnert an die Textpassage in *Ein springender Brunnen,* in der Johann seine eigene Sprache als Schutzschild gegen die Verrohung durch die Nationalsozialisten sieht.
[255] Rosenfeld, Alvin: *A double dying. Reflections on Holocaust Literatur*, S. 9.
[256] Rosenfeld, Alvin: *A double dying. Reflections on Holocaust Literatur*, S. 14.
[257] Wie es Martin Walser immer vorgeworfen wurde.

die politische Korrektheit, oder doch nicht vielmehr um das ästhetische, künstlerische Schaffen.

Die Betrachtung verschiedener literarischer Werke, die sich mit dem Thema Holocaust auseinandersetzen, zeigen, inwiefern die oben geforderte Grenzziehung zwischen literarischer Fiktion und historisch politischer Realität eine Gratwanderung darstellt, denn literarische Werke über Themen wie den Nationalsozialismus können und sollen nicht frei von politischer Orientierung bestehen.[258] Die literarische Fiktion soll in keinem Konkurrenzverhältnis zur historisch-politischen Wirklichkeit stehen, sie soll keine politisch motivierten Vorstellungen von historischer Vergangenheit aufstellen, vielmehr besteht ihre große Stärke in der kritischen Reflexion und Durchbrechung von eindimensionalen Geschichtskonstruktionen.[259] Dazu gehört, sich die Charakteristika der Literatur immer wieder vor Augen zu führen, sich ihres fiktionalen Charakters bewusst zu sein. Martin Walser betont diesen Punkt, den er als Ursprung der Missverständnisse zwischen Schriftsteller und Literaturkritiker verantwortlich macht:

> Man muss es hundertmal sagen, dass das Schreiben nicht Darstellen ist, nicht Wiedergeben, sondern Fiktion, also eo ipso Antwort auf Vorhandenes, Passiertes, Wirkliches, aber nicht Wiedergabe von etwas Passiertem.[260]

Wie festgestellt wurde, ist die Konfrontierung der Holocaust-Thematik in der Literatur eine Gratwanderung zwischen der Erweiterung von engstirnigen Geschichtskonstruktionen und der Verharmlosung der Vergangenheit durch die unzulängliche Sprache für die Mord-Maschinerie. Doch auch wenn die Literatur die Gräueltaten unter dem NS-Regime nicht adäquat wiedergeben kann, drängt sich die Frage nach einer möglichen Alternative in den Vordergrund. Die Alternativmöglichkeit wäre das Schweigen, das in einem ersten Moment in Hinblick auf das Ausmaß des Schreckens die einzig mögliche Reaktion überhaupt erscheint. Andererseits birgt die verstummende Haltung die Gefahr, das Geschehene könnte für die nachfolgenden Generationen in Vergessenheit geraten. Nina Leonhard sieht den Beweggrund der Enkelgeneration, sich mit dem Thema des Dritten Reiches auseinanderzusetzen, nicht in den elterlichen Biographien, wie bei der Achtundsechziger-Generation, sondern vorwiegend in Büchern, Filmen oder Seminaren über die NS-Vergangenheit angesiedelt. Diese Impulse veranlassen die Jugendlichen

---

[258] Vgl. Schödel, Kathrin: „Jenseits der *political correctness*- NS-Vergangenheit in Bernhard Schlink, *Der Vorleser* und Martin Walser, *Ein springender Brunnen*, S. 309.
[259] Vgl. ebd.
[260] Walser, Martin, „Über den Leser-soviel man in einem Festzelt darüber sagen kann", in: ders., *Ansichten, Einsichten,* S. 565.
[260] Vgl. Freiburg, Rudolf; Bayer, Gerd: „Einleitung: Literatur und Holocaust", S. 20.

erst dazu, die Auseinandersetzung mit dem Thema auf der familiären Ebene überhaupt in Angriff zu nehmen. Die Bedeutung der Medien, insbesondere der Literatur für die Aufrechterhaltung der Erinnerung im kollektiven Gedächtnis der nachfolgenden Generationen macht die Äußerung einer im Jahr 1999 interviewten 24-jährigen Studentin deutlich:

> [...] vor nem Jahr oder so haben wir zum ersten Mal n bisschen nachgefragt, [...] wie das allgemein so war [...] also meine Schwester hat dann irgendwann nachgefragt [nach der Judenverfolgung] [...] weil ich mach auch immer wieder so Seminare an der Uni, da is mir das da auch mal aufgefallen, dass ich im Grunde von [...] meinen eigenen Großeltern gar nichts weiß [...].[261]

Demnach ist die literarische Beschäftigung mit der Thematik für den zukünftigen Erinnerungsdiskurs schon alleine aus dem Grund notwendig, dass wichtige Impulse für die nachfolgenden Generationen geschafft werden, sich mit der Problematik auseinanderzusetzen.[262]

---

[261] Interview im Jahr 1999 mit K.R (Jahrgang 1975), zitiert nach: Leonhard, Nina, „Zwischen Vergangenheit und Zukunft; Die Erinnerung an den Nationalsozialismus im Verlauf von drei Generationen", in: Birkmeyer, Jens; Balsberg, Cornelia: *Erinnern des Holocaust? Eine neue Generation sucht Antworten,* Aisthesis Verlag, Bielefeld 2006, S. 76.
[262] Vgl. ebd., S. 76f.

5 Schlussbetrachtung

Die Thematik des vorliegenden Buches liegt in dem literarischen Umgang mit der nationalsozialistischen Vergangenheit Deutschlands. Dabei wurde der Fokus vor allem auf den Entwicklungsprozess des Erinnerungsdiskurses gelegt, der durch eine generationenübergreifende Untersuchung, unter Bezugnahme auf die kulturwissenschaftliche Gedächtnisforschung, anhand der Werke der verschiedenen Autoren und kritischer Reaktionen auf dieselben aufgezeigt wurde. Besondere Beachtung in der Analyse der behandelten Werke fanden die Fragen nach den spezifischen Erinnerungsformen, nach der Rolle der Literatur in dem Erinnerungsdiskurs sowie die Fragen nach der historisch-politischen Verantwortung der Deutschen. Im Folgenden sollen die Ergebnisse zu den jeweiligen Autoren kurz umrissen werden, um anschließend zu einem Ausblick auf die Zukunft des Erinnerungsdiskurses zu gelangen.

Martin Walser setzt sich für die Privatisierung des Gewissens ein, für den Rückzug der Erinnerung an die nationalsozialistische Vergangenheit Deutschlands aus dem kollektiven Gedächtnis. Seine Abneigung gegen eine ritualisierte, von der Öffentlichkeit instrumentalisierte Erinnerung ist in beschränktem Maße legitim, die Problematik seiner Haltung besteht vielmehr darin, dass Walsers Vorschlag eines Rückzugs der Erinnerung aus dem Kollektiv notwendigerweise den Verlust der Erinnerung für die kommenden Generationen bedeuten würde. Demnach geht es ihm in seinem Plädoyer nicht so sehr um die Art und Weise des Erinnerns, sondern vielmehr um die Frage, ob es einen öffentlichen Erinnerungsdiskurs geben soll.

Ruth Klüger, als jüdische Autorin, fordert in ihrer Autobiographie die jüdischen Schicksale in das Gedenken an den Holocaust stärker miteinzubeziehen. Des Weiteren fungiert ihr Werk als Gesprächsangebot an die Deutschen. Klüger geht es um den Dialog, um die Bereitschaft der Deutschen, sich aufrichtig mit der historisch-politischen Vergangenheit auseinanderzusetzen, sich zu informieren, zuzuhören, anstatt vor einer klischeehaften Holocaust-Idee zu verstummen.

In der *Krebsgang*-Novelle bezieht Günter Grass das deutsche Leid am Ende des Zweiten Weltkrieges in den Erinnerungsdiskurs mit ein, indem der Untergang des Wilhelm-Gustloff-Flüchtlingsschiffes thematisiert wird. Die intergenerationelle Erzählung weist allerdings auch auf die Notwendigkeit der generationenübergreifenden Erinnerungsübermittlung hin, indem anhand der Pokriefkes ein Negativbeispiel für eine gelungene

Vergangenheitsbewältigung gezeigt wird, die eine lebendige intergenerationelle Erinnerung immer mit einschließt.

In Uwe Timms Autobiographie *Am Beispiel meines Bruders* kommt der Achtundsechziger-Zeitgeist deutlich zum Ausdruck. Timm sucht nach Antworten, die die durch das Schweigen der Eltern bedingten Leerstellen der familiären Biographie auffüllen sollen. Ihm geht es um die aufrichtige Beschäftigung mit der Thematik, um eine authentische Rekonstruktion, um eine möglichst objektive Darstellung der Familiengeschichte. *Der Vorleser* von Bernhard Schlink grenzt sich von der typischen Achtundsechziger-Strömung ab. Einerseits wird im Roman eine Verschiebung der Täter-Opfer-Perspektive vorgenommen, die für die Achtundsechziger-Generation vollkommen untypisch erscheint, andererseits wird allerdings auch auf die Problematik der intergenerationellen Kommunikation eingegangen (oder vielmehr auf die fehlende Kommunikation zwischen den Generationen), die eine der Hauptkritikpunkte der Achtundsechziger-Generation darstellte.

Anhand der Darstellung der Enkelgeneration wurde dargelegt, wie die Erinnerung im Laufe der Generationen einen natürlicheren, unbefangeneren Charakter angenommen hat. Die Betrachtung der zahlreichen Debatten im Erinnerungsdiskurs zeigt, dass die Enkelgeneration im Vergleich zu den vorherigen Generationen eine deutlich passivere Haltung einnimmt. Wie gezeigt wurde, ist dies einerseits auf die Tatsache zurückzuführen, dass den Anhängern dieser Generation der direkte persönliche Bezug fehlt, andererseits ist diese distanzierte Haltung als typisches Abgrenzungsverhalten gegenüber der elterlichen Achtundsechziger-Generation zu deuten. Die gegenwärtige Aufwertung des Erinnerungsdiskurses gilt demnach nicht als repräsentative Komponente dieses Zeitgeistes, sondern ist eher als temporäre Tendenz zu deuten, die auf das Bewusstsein um den bevorstehenden Verlust der Zeitzeugen-Generation zurückzuführen ist. Ein weiterer Schwerpunkt des vorliegenden Buches wurde auf die Rolle der Literatur gelegt und es wurde gefragt, inwiefern auf literarischer Ebene der historisch-politischen Vergangenheit Rechnung getragen werden kann und ob die Literatur einen Beitrag für die Zukunft des Erinnerungsdiskurses zu leisten vermag.

Hajo Funke betont, dass die Erinnerung in Deutschland immer eine Erinnerung an die nationalsozialistischen Taten sein muss. Und es soll die schwierige Aufgabe der Künste sein, sowohl die Tat und die Täter kritisch zu erinnern wie auch den verschiedenen Opfergruppen aufrichtig zu gedenken. Vor dieser Aufgabe steht auch die Literatur. Betrachtet man die erschütternden Erinnerungen des Auschwitz-Überlebenden Primo Levi in *Ist das ein Mensch?* wird klar, dass sie dieser Aufgabe besser gewachsen ist als jedes plastische Mahnmal.

In Bezug auf die Enkelgeneration stellt sich die Frage, wie sich der fehlende persönlich-historische Bezug auf die Zukunft der Erinnerung auswirken wird und inwiefern die Last der Schuld der Zeitzeugen-Generation auch noch für die Enkelgeneration von Bedeutung ist. Müssen die Anhänger dieser Generation durch die Aufrechterhaltung des Erinnerungsdiskurses, wie Walser befürchtet, in der Schande weiterleben? In einem offenen Brief an Martin Walser verneint der jüdische Schriftsteller Elie Wiesel diese Befürchtung:

> Denken sie nicht, dass man zwischen Lüge und Ehrlosigkeit schwankt, wenn man die Vergangenheit auslöscht? Ich möchte nicht, dass ihre jungen Landsleute ‚in der Schande' leben. Im Gegenteil, sie sollen wissen: Indem sie sich der Erinnerung an die Opfer stellen, werden sie die Ehre entdecken, die aus der Wahrheit rührt. Wird das schmerzen? Zweifellos. Aber sie werden weder Scham noch Schande empfinden.[263]

---

[263] Wiesel, Elie: „Ohne Schande. Offener Brief an Martin Walser", in: Schirrmacher, Frank (Hrsg.): *Die Walser-Bubis-Debatte*, S.397-399, Suhrkamp Verlag, Frankfurt am Main 1997, S. 397-399, hier: S. 399.

6. Literaturverzeichnis

6.1. Quellen

Améry, Jean: *Wieviel Heimat braucht der Mensch?* in: Heidelberger-Leonard, Irene (Hrsg.): *Jean Améry. Werke,* Band 2, Klett-Cotta Verlag, Stuttgart 2002.

Arendt, Hannah: *Organisierte Schuld,* in: Sternberger, Dolf (Hrsg.): *Die Wandlung. Eine Monatsschrift* 1946-1949, Jahrgang I, Heft 4, S. 333-342.

Brecht, Berthold: „An die Nachgeborenen", in: ders.: *Gesammelte Werke in acht Bänden,* Band 4, Suhrkamp Verlag, Frankfurt am Main 1967, S. 722-725, hier S. 723.

Bubis, Ignatz, 09.11.1998: „Gedenkrede zur Reichspogromnacht 9. November 1938", <http://www.kaleidos.de/alltag/meinung/mahn05b.htm> (13.06.2011)

Assmann, Jan: *Das kulturelle Gedächtnis. Schrift, Erinnerung und politische Identität in frühen Hochkulturen,* Beck'sche Reihe, München 2007.

Grass, Günter: *Im Krebsgang,* Deutscher Taschenbuch Verlag, München 2009.

Halbwachs, Maurice: *Das Gedächtnis und seine sozialen Bedingungen,* aus dem Französischen von Lutz Geldsetzer, Luchterhand Verlag, Berlin/Neuwied 1966. (Französische Erstausgabe: *Les cadres sociaux de la mémoire,* Paris 1925)

Klüger, Ruth: *weiter leben. Eine Jugend,* Deutscher Taschenbuch Verlag, München 2010.

Schlink, Bernhard: *Der Vorleser,* Diogenes Verlag, Zürich 1995.

Timm, Uwe: *Am Beispiel meines Bruders,* Deutscher Taschenbuch Verlag, München 2007.

Timm, Uwe: *Erzählen und kein Ende, Versuche zu einer Ästhetik des Alltags,* Kiepenheuer & Witsch Verlag, Köln 2003.

Walser, Martin: *Ein springender Brunnen,* Suhrkamp Verlag, Frankfurt am Main 1998.

Walser, Martin: *Ich vertraue. Querfeldein. Reden und Aufsätze,* Suhrkamp Verlag, Frankfurt am Main 2000.

Walser, Martin: „Erfahrungen beim Verfassen einer Sonntagsrede", in: Schirrmacher, Frank (Hg.), *Die Walser-Bubis-Debatte,* Suhrkamp Verlag, Frankfurt am Main 1999, S. 8-17.

Walser, Martin: „Leseerfahrungen, Liebeserklärungen. Aufsätze zur Literatur", in: Kiesel, Helmuth (Hrsg.), *M.W., Werke in zwölf Bänden,* unter Mitwirkung von Frank Barsch, Band 12, Suhrkamp Verlag, Frankfurt am Main 1997.

Walser, Martin, *Die Banalität des Guten,* in: Frankfurter Allgemeine Zeitung, 12. 10. 1998.

Walser, Martin: „Wovon zeugt die Schande, wenn nicht von Verbrechen. Das Gewissen ist die innere Einsamkeit mit sich: Ein Zwischenruf", in: *Frankfurter Allgemeine Zeitung,* 28.11.1998.

Walser, Martin: „Leseerfahrungen, Liebeserklärungen. Aufsätze zur Literatur", in: Kiesel, Helmuth (Hrsg.), *M.W., Werke in zwölf Bänden*, unter Mitwirkung von Frank Barsch, Band 12, Suhrkamp Verlag, Frankfurt am Main 1997.

Walser, Martin: „Über das Selbstgespräch. Ein flagranter Versuch", in: *Die Zeit,* 13.1.2000.

6.2. Sekundärliteratur

Adorno, Theodor W.: „Kulturkritik und Gesellschaft", in: Tiedemann, Rolf (Hrsg.): *Theodor W. Adorno. Gesammelte Werke,* Suhrkamp Verlag, Frankfurt am Main 1997, Bd. 10.1, S. 11-30.

Adorno, Theodor W.: „Jene zwanziger Jahre", in: Tiedemann, Rolf (Hrsg.): *Gesammelte Schriften*, Suhrkamp Verlag, Frankfurt am Main 1977, Bd.10.2, S. 499-506.

Agazzi, Elena: *Erinnerte und rekonstruierte Geschichte. Drei Generationen deutscher Schriftsteller und die Fragen der Vergangenheit,* Vandenhoeck & Rupprecht Verlag, Göttingen 2005.

Albrecht, Andrea: „*Thick descriptions.* Zur literarischen Reflexion historiographischen Erinnerns »am Beispiel Uwe Timms«", in: Marx, Friedhelm (Hrsg.): *Erinnern Vergessen, Erzählen. Beiträge zum Werk Uwe Timms*, Wallstein Verlag, Göttingen 2007, S. 68-89.

Appelfeld, Aaron: „After the Holocaut", in: Lang, Berel (Hg.), *Writing and the Holocaust,* Holmes & Meiner Verlag, New York 1988, S. 83-92.

Assmann, Aleida: *Der lange Schatten der Vergangenheit. Erinnerungskultur und Geschichtspolitik*, C.H. Beck Verlag, München 2006.

Assmann, Aleida: „Generationsidentitäten und Vorurteilsstrukturen in der neuen deutschen Erinnerungskultur", in: Ehalt, Christian (Hrsg.): *Wiener Vorlesungen im Rathaus*, Band 117, Picus Verlag, Wien 2006, S. 17-52.

Assmann, Aleida; Frevert, Ute: *Geschichtsvergessenheit - Geschichtsversessenheit: Vom Umgang mit deutschen Vergangenheiten nach 1945,* Deutsche Verlags-Anstalt, Stuttgart 1999.

Baker, Gary L.: „The middle voice in Günter Grass's *Im Krebsgang*", in: The German Quarterly, hrsg. von der *American Association of Teachers of German*, Ausgabe 83.2. Oxford 2010.

Bartels, Gerrit: „Ich wollte das in aller Härte". Ein Interview mit dem Schriftsteller Uwe Timm über sein Buch *Am Beispiel meines Bruders* und die Aufarbeitung deutscher Vergangenheit am Beispiel seiner eigenen und überaus normalen Familie, in: *taz*, 19.09.2003, <http://www.taz.de/1/archiv/archiv/?dig=2003/09/13/a0245> (Stand 25.5.2011)

Baumgart, Reinhard: „Wieder eine Kindheit verteidigt. Eine Kritik zu Martin Walsers *Ein springender Brunnen* mit fünf späteren Zwischenreden", in: Borchmeyer, Dieter (Hrsg.), *Signaturen der Gegenwartsliteratur. Festschrift für Walter Hinderer,* Königshausen & Neumann, Würzburg 1999.

Bayer, Gerd; Freiburg, Rudolf: „Einleitung: Literatur und Holocaust", in: ders., *Literatur und Holocaust*, Königshausen & Neumann, Würzburg 2009, S. 1-39.

Benz, Wolfgang: „Die Abwehr der Vergangenheit. Ein Problem nur für Historiker und Moralisten?", in: Diner, Dan (Hrsg.): *Ist der Nationalsozialismus Geschichte? Zu Historisierung und Historikerstreit,* Fischer Taschenbuch Verlag, Frankfurt am Main 1987, S. 17-34.

Beßlich, Barbara; Grätz, Katharina; Hildebrand, Olaf (Hgg.): *Wende des Erinnerns? Geschichtskonstruktionen in der deutschen Literatur nach 1989,* Erich Schmidt Verlag, Berlin 2006.

Berg, Nicolas: „‚Auschwitz' und die Geschichtswissenschaft - Überlegungen zu Kontroversen der letzten Jahre'", in: ders. (Hrsg.): *Shoah. Formen der Erinnerung. Geschichte, Philosophie, Literatur, Kunst,* Fink Verlag, München 1996.

Beutin, Wolfgang: *Der Fall Grass. Ein deutsches Debakel,* Peter Lang Internationaler Verlag der Wissenschaften, Frankfurt am Main 2008.

Birkmeyer, Jens: „Thesen über ein zukünftiges Erinnern", in: Birkmeyer, Jens; Blasberg, Cornelia (Hgg.): *Erinnern des Holocaust? Eine neue Generation sucht Antworten,* Aisthesis Verlag, Bielefeld 2006, S. 229- 237.

Blasberg, Cornelia: „Erinnern? Tradieren? Erfinden? Zur Konstruktion von Vergangenheit in der aktuellen Literatur über die dritte Generation", in: Birkmeyer, Jens; Blasberg, Cornelia (Hgg.): *Erinnern des Holocaust? Eine neue Generation sucht Antworten,* Aisthesis Verlag, Bielefeld 2006, S. 165-186.

Bos, Pascale R.: *German-Jewish Literature in the wake of the Holocaust. Grete Weil, Ruth Klüger, and the politics of address,* palgrave macmillan, New York 2005.

Braese, Stephan; Gehle Holger: „Von ‚deutschen Freunden'. Ruth Klügers *weiter leben. Eine Jugend* in der deutschen Rezeption", in: Bogdal, Klaus-Michael; Neuland, Eva; Scheuer, Helmut (Hgg.): *Der Deutschunterricht. Beiträge zu seiner Praxis und wissenschaftlichen Grundlegung,* Jahrgang 47, Klett Verlag, Stuttgart 1995.

Braun, Michael (Hrsg.): *Tabu und Tabubruch in Literatur und Film*, Königshausen & Neumann Verlag, Würzburg 2007.

Bude, Heinz: *Deutsche Karrieren. Lebenskonstruktionen sozialer Aufsteiger aus der Flakhelfer-Generation*, Suhrkamp Verlag, Frankfurt am Main 1987.

Bude, Heinz: „Die Erinnerung der Generationen", in: König, Helmut; Kohlstruck, Michael (Hgg.): *Vergangenheitsbewältigung am Ende des zwanzigsten Jahrhunderts*, Westdeutscher Verlag, Opladen/Wiesbaden 2009, S. 69-86.

Bude, Heinz: *Das Altern einer Generation. Die Jahrgänge 1938 bis 1948*, Suhrkamp Verlag, Frankfurt am Main 1995.

Canetti, Elias: *Die Provinz des Menschen*, Hanser Verlag, München 1973.

Claussen, Detlev: „Veränderte Vergangenheit. Über das Verschwinden von Auschwitz",
in: Berg, Nicolas; Jochimsen, Jess; Stiegler, Bernd (Hgg.): *Shoah. Formen der Erinnerung. Geschichte, Philosophie, Literatur, Kunst.*, Wilhelm Fink Verlag, München 1996, S. 77-93.

Diner, Dan: „Ereignis und Erinnerung. Über Variationen historischen Gedächtnisses",
in: Berg, Nicolas; Jochimsen, Jess; Stiegler, Bernd (Hgg.): *Shoah. Formen der Erinnerung. Geschichte, Philosophie, Literatur, Kunst*, Wilhelm Fink Verlag, München 1996, S. 13-31.

Doerry, Martin; Hage, Volker: „Ich lebe in Geschichten". SPIEGEL-Gespräch mit Bernhard Schlink, in: *Der Spiegel*, 24.10.2000, <http://www.spiegel.de/spiegel/print/d-15502682.html> (Stand: 24.5.2011)

Funke, Hajo: „Friedensrede als Brandstiftung", in: Brumlik, Micha; Funke, Hajo; Rensmann, Lars (Hgg.): *Umkämpftes Vergessen. Walser-Debatte, Holocaust-Mahnmal und neuere deutsche Geschichtspolitik*, Verlag Das Arabische Buch, Berlin 1999, S. 13-28.

Frei, Norbert: *1945 und wir. Das Dritte Reich im Bewusstsein der Deutschen*, Verlag C.H.Beck, München 2005.

Eigler, Friederike: *Gedächtnis und Geschichte in Generationenromanen seit der Wende*, Erich Schmidt Verlag, Berlin 2005.

Erll, Astrid; Nünning, Ansgar (Hgg.): *Medien des kollektiven Gedächtnisses. Konstruktivität - Historizität - Kulturspezifität*, Walter de Gruyter Verlag, Berlin 2004.

Erll, Astrid: *Kollektives Gedächtnis und Erinnerungskulturen*, J.B. Metzlersche Verlagsbuchhandlung, Stuttgart 2005.

Eßbach, Wolfgang: „Gedenken oder Erforschen. Zur sozialen Funktion von Vergangenheitrepräsentationen", in: Berg, Nicolas; Jochimsen, Jess; Stiegler, Bernd (Hgg.): *Shoah. Formen der Erinnerung. Geschichte, Philosophie, Literatur, Kunst.*, Wilhelm Fink Verlag, München 1996, S. 131-145.

Fest, Joachim: „Die geschuldete Erinnerung", in: Augstein, Rudolf (Hrsg.): *»Historikerstreit« - Die Dokumentation der Kontroverse um die Einzigartigkeit der nationalsozialistischen Judenvernichtung*, Piper Verlag, München 1987, S. 100-113.

Florack, Ruth: „Köpfchen in das Wasser, Beinchen in die Höh'. Anmerkungen zum Verhältnis von Opfern, Tätern und Trauma in Günter Grass' Novelle *Im Krebsgang*", in: Hermes, Stefan; Muhic, Amir (Hgg.): *Täter als Opfer? Deutschsprachige Literatur zu Krieg und Vertreibung im 20.Jahrhundert*, Verlag Dr. Kovac, Hamburg 2007, S. 41-57.

Funke, Hajo: „Andere Erinnerung", in: Brumlik, Micha; Funke, Hajo; Rensmann, Lars (Hgg.): *Umkämpftes Vergessen. Walser-Debatte, Holocaust-Mahnmal und neuere deutsche Geschichtspolitik*, Verlag Das Arabische Buch, Berlin 1999, S. 168-174.

Funke, Hajo: „Walsers später Triumph", in: Brumlik, Micha; Funke, Hajo; Rensmann, Lars (Hgg.): *Umkämpftes Vergessen. Walser-Debatte, Holocaust-Mahnmal und neuere deutsche Geschichtspolitik*, Verlag Das Arabische Buch, Berlin 1999, S. 178-181.

Funke, Hajo: *Die andere Erinnerung. Gespräche mit jüdischen Wissenschaftlern im Exil*, Fischer Verlag, Frankfurt am Main 1989.

Galli, Matteo: „Kommunikatives Gedächtnis bei Uwe Timm", in: Cornils, Ingo; Finlay, Frank (Hgg.): *„(Un-)erfüllte Wirklichkeit". Neue Studien zu Uwe Timms Werk*, Königshausen & Neumann, Würzburg 2006.

Greiner, Ulrich, 30.03.2010: „Warum Uwe Timm »Schwaan« mit zwei a schrieb". Interview mit Uwe Timm, in: *Die Zeit*, <http://www.zeit.de/2010/13/Portraet-Uwe-Timm> (Stand: 23.5.2011)

Gries, Britta: *Die Grass-Debatte. Die NS-Vergangenheit in der Wahrnehmung von drei Generationen*, Tectum Verlag, Marburg 2008.

Hadek, Nadja: *Vergangenheitsbewältigung im Werk Martin Walsers*, Wißner Verlag, Augsburg 2010.

Hage, Volker: „Unter Generalverdacht. Kulturkritiker rüsten zu einer bizarren Literaturdebatte: Verharmlosen erfolgreiche Bücher wie Günter Grass' Novelle *Im Krebsgang* oder Bernhard Schlinks Roman *Der Vorleser* die Schuld der Deutschen an Holocaust und Zweitem Weltkrieg?", in: *Der Spiegel*, 15 (2002), http://www.spiegel.de/kultur/literatur/0,1518,190969,00.html (Stand 31.5.2011)

Hahn, Hans-Joachim: *Repräsentationen des Holocaust. Zur westdeutschen Erinnerungskultur seit 1979*, Universitätsverlag Winter, Heidelberg 2005.

Halhuber, Max-Joseph; Pelinka, Anton; Ingruber, Daniela: *Fünf Fragen an drei Generationen. Der Antisemitismus und wir heute*, Czernin Verlag, Wien 2002.

Heidelberger-Leonard, Irene, „Ruth Klüger *weiter leben* - ein Grundstein zu einem neuen Auschwitz-»Kanon«?" in: Braese, Stephan; Gehle, Holger; Kiesel, Doron; Loewy, Hanno (Hgg.), *Deutsche Nachkriegsliteratur und der Holocaust,* Campus Verlag, Frankfurt/New York 1998.

Heidelberger-Leonard, Irene, „Auschwitz, Weiss und Walser. Anmerkungen zu den ‚Zeitschaften' in Ruth Klügers *weiter leben*", in: *Peter Weiss Jahrbuch* 4, Westdeutscher Verlag, Opladen 1995, S. 78-89.

Hessing, Jakob, „Spiegelbilder der Zeit - Wolfgang Koeppen und Ruth Klüger", in: Braese, Stephan (Hrsg.), *In der Sprache der Täter. Neue Lektüren deutschsprachiger Nachkriegs-und Gegenwartsliteratur*, Westdeutscher Verlag, Opladen/Wiesbaden 1998.

Hielscher, Martin, *Uwe Timm. Ein Porträt*, Deutscher Taschenbuch Verlag, München 2007.

Hofmann, Michael, „Epik nach Auschwitz im Gedächtnisraum ohne Auschwitz. Martin Walsers Erinnerungspoetik in *Ein springender Brunnen* im Kontext von Uwe Johnsons *Jahrestagen* und Ruth Klügers *weiter leben*.", in: Parkes, Stuart, Wefelmeyer, Fritz (Hgg.), German Monitor, *Seelenarbeit an Deutschland. Martin Walser in Perspective*, Rodopi Verlag, Amsterdam/New York 2004, S. 323-342.

Jablkowska, Joanna: *Zwischen Heimat und Nation: das deutsche Paradigma?* Stauffenburg-Verlag, Tübingen 2001.

Jablkowska, Joanna: „‚...Weil uns wieder einmal die Vergangenheit auf die Schulter klopft.' Von den (vergeblichen?) Versuchen, den Fremden zum Freund zu machen. Günter Grass' *Im Krebsgang* im Lichte seiner Publizistik", in: Kersten, Sandra; Schenke, Manfred Frank (Hgg.): *Spiegelungen. Entwürfe zu Identität und Alterität. Festschrift für Elke Mehnert,* Frank & Timme Verlag, Berlin 2005, S. 227-244.

Jochimsen, Jess: „‚Nur was nicht aufhört, weh zu thun, bleibt im Gedächtniss.' Die Shoah im Dokumentarfilm.", in: Berg, Nicolas; Jochimsen, Jess; Stiegler, Bernd (Hgg.): *Shoah. Formen der Erinnerung. Geschichte, Philosophie, Literatur, Kunst,* Wilhelm Fink Verlag, München 1996, S. 215-253.

Kaiser, Katharina: „‚In der Sprache sitzt das Vergangene unausrottbar.' Konzeption und Rezeption der Ausstellungs-Installation *Formen des Erinnerns* im *Haus am Kleistpark* in Berlin" in: Berg, Nicolas; Jochimsen, Jess; Stiegler, Bernd (Hgg.): *Shoah. Formen der Erinnerung. Geschichte, Philosophie, Literatur, Kunst,* Wilhelm Fink Verlag, München 1996, S. 233-253.

Katny, Andrzej (Hrsg.): *Das literarische und kulturelle Erbe von Danzig und Gdansk,* Peter Lang - Europäischer Verlag der Wissenschaften, Frankfurt am Main 2004.

Kiesel, Helmuth: „Zwei Modelle literarischer Erinnerung an die NS-Zeit: *Die Blechtrommel* und *Ein Springender Brunnen*", in: Parkes, Stuart, Wefelmeyer, Fritz (Hgg.), German Monitor, *Seelenarbeit an Deutschland. Martin Walser in Perspective*, Rodopi Verlag, Amsterdam/New York 2004, S. 343-362.

Kißener Michael: *Das Dritte Reich*, Wissenschaftliche Buchgesellschaft, Darmstadt 2005.

Klinger, Judith; Wolf Gerhard (Hgg.): *Gedächtnis und kultureller Wandel. Erinnerndes Schreiben-Perspektiven und Kontroversen*, Max Niemeyer Verlag, Tübingen 2009.

Koch, Joachim: „*Am Beispiel meines Bruders* von Uwe Timm", in: Rotta, Christian; Katzschmann, Dirk (Hgg.), *Universitas. Orientierung in der Wissenswelt*, Jg. 58/2003, Band 2, Heidelberger Lese-Zeiten Verlag, Heidelberg 2003.

Köhler, Klaus: *Alles in Butter. Wie Walter Kempowski, Bernhard Schlink und Martin Walser den Zivilisationsbruch unter den Teppich kehren*, Königshausen & Neumann Verlag, Würzburg 2009.

Kohlstruck, Michael: *Zwischen Erinnerung und Geschichte. Der Nationalsozialismus und die jungen Deutschen*, Metropol Verlag, Berlin 2007.

König, Christoph: *Häme als literarisches Verfahren. Günter Grass, Walter Jens und die Mühen des Erinnerns,* Wallstein Verlag, Göttingen 2008.

Korn, Salomon: *Geteilte Erinnerung. Beiträge zur >deutsch-jüdischen< Gegenwart. Mit einem Geleitwort von Marcel Reich-Ranicki*, Philo Verlagsgesellschaft, Berlin 1999.

Körte, Mona: „Der Krieg der Wörter. Der autobiographische Text als künstliches Gedächtnis.", in: Berg, Nicolas; Jochimsen, Jess; Stiegler, Bernd (Hgg.), *Shoah. Formen der Erinnerung. Geschichte, Philosophie, Literatur, Kunst,* Wilhelm Fink Verlag, München 1996, S. 201-215.

Koselleck, Reinhart: „Nachwort", in: Beradt, Charlotte: *Das Dritte Reich des Traums,* Frankfurt am Main 1994, S. 117-132.

Krauß, Andrea: „Dialog und Wörterbaum. Geschichtskonstruktionen in Ruth Klügers *weiter leben. Eine Jugend* und Martin Walsers *Ein springender Brunnen*", in: Beßlich, Barbara; Grätz, Katharina; Hildebrand, Olaf (Hg.), *Wende des Erinnerns? Geschichtskonstruktionen in der deutschen Literatur nach 1989*, Schmidt Verlag, Berlin 2006, S. 69-87.

Kurz, Gerhard: „*Situations*/Situationen. Zu Alfred Anderschs *Deutsche Literatur in der Entscheidung. Ein Beitrag zur Analyse der literarischen Situation* von 1948", in: Dickhaut, Kirsten; Wodianka, Stephanie (Hgg.), *Geschichte - Erinnerung - Ästhetik*, Narr Francke Attempto Verlag, Tübingen 2010, S. 373-386.

Landwehr, Jürgen: „Krebsgang oder Tigersprung in die Vergangenheit? Über einige Paradoxien im Umgang mit der Literatur und ihrer Geschichte", in: Laufhütte, Hartmut (Hrsg.), *Literaturgeschichte als Profession. Festschrift für Dietrich Jöns,* Mannheimer Beiträge zur Sprach- und Literaturwissenschaft, Gunter Narr Verlag, Tübingen 1993.

Leicht, Robert: „Nur das Hinsehen macht uns frei", in: Augstein, Rudolf (Hrsg.): *»Historikerstreit« - Die Dokumentation der Kontroverse um die Einzigartigkeit der nationalsozialistischen Judenvernichtung,* Piper Verlag, München 1987, S. 361-367.

Leonhard, Nina: „Zwischen Vergangenheit und Zukunft: Die Erinnerung an den Nationalsozialismus im Verlauf von drei Generationen", in: Birkmeyer, Jens; Blasberg, Cornelia (Hgg.), *Erinnern des Holocaust? Eine neue Generation sucht Antworten*, Aisthesis Verlag, Bielefeld 2006, S. 63-81.

Lorenz, Matthias N.: „'Familienkonflikt' oder 'Antisemitismusstreit'? Zur Walser-Bubis-Debatte", in: Parkes, Stuart, Wefelmeyer, Fritz (Hgg.), German Monitor, *Seelenarbeit an Deutschland. Martin Walser in Perspective*, Rodopi Verlag, Amsterdam/New York 2004, S. 363-388.

Lorenz, Matthias N.: *‚Auschwitz drängt uns auf einen Fleck', Judendarstellung und Auschwitzdiskurs bei Martin Walser*, Verlag J.B.Metzler, Stuttgart 2005.

Mahlmann-Bauer, Barbara, 09.06.1999: „Kindheit zwischen Opfern und Tätern - Über Autobiographien der Jahrgänge 1927/28 und Martin Walsers Roman *Ein springender Brunnen*", <http://www.literaturkritik.de/public/rezension.php?rez_id=215> (Stand 02.06.2011)

Marx, Friedhelm: „‚Erinnerung, sprich'. Autobiographie und Erinnerung in Uwe Timms *Am Beispiel meines Bruders*", in: ders., *Erinnern, Vergessen, Erzählen. Beiträge zum Werk Uwe Timms*, Wallstein Verlag, Göttingen 2007.

Misch, Georg: *Geschichte der Autobiographie*, Band 1, Teubner Verlag, Bern 1947.

Mitscherlich, Margarete; Mitscherlich, Alexander: *Die Unfähigkeit zu trauern. Grundlagen kollektiven Verhaltens,* Piper Verlag, München 2009. (Erstausgabe München 1967)

Mommsen, Hans: „Aufarbeitung und Verdrängung. Das Dritte Reich im westdeutschen Geschichtsbewusstsein", in: Diner, Dan (Hrsg.): *Ist der Nationalsozialismus Geschichte? Zu Historisierung und Historikerstreit,* Fischer Taschenbuch Verlag, Frankfurt am Main 1987, S. 74-89.

Mommsen, Hans: „Weder Leugnen noch Vergessen befreit von der Vergangenheit", in: Augstein, Rudolf (Hrsg.): *»Historikerstreit« - Die Dokumentation der Kontroverse um die Einzigartigkeit der nationalsozialistischen Judenvernichtung,* Piper Verlag, München 1987, S. 300-322.

Moser, Tilmann, 11. 12. 1998: „Erinnerungen an eine Kindheit in der NS-Zeit", <http://www.tilmannmoser.de/publi/essays/1996_erinnerungen_kindheit_ns.html> (Stand: 14.06.2011)

Nolte, Ernst: „Vergangenheit, die nicht vergehen will", in: Augstein, Rudolf (Hrsg.): *»Historikerstreit« - Die Dokumentation der Kontroverse um die Einzigartigkeit der nationalsozialistischen Judenvernichtung,* Piper Verlag, München 1987, S. 39-48.

Nünning, Ansgar: „Sektion, Konfiguration, Perspektivierung und *Poiesis*: Zur ästhetischen Aneignung von Geschichte und Erinnerung im Roman", in: Dickhaut, Kirsten; Wodianka, Stephanie (Hgg.): *Geschichte - Erinnerung - Ästhetik*, Narr Francke Attempto Verlag, Tübingen 2010, S. 113-135.

Øhrgaard, Per: *Günter Grass. Ein deutscher Schriftsteller wird besichtigt,* Deutscher Taschenbuch Verlag, München 2007.

Paaß, Michael: *Kulturelles Gedächtnis als epische Reflexion. Zum Werk von Günter Grass,* Aisthesis Verlag, Bielefeld 2009.

Prinz, Kirsten: „Mochte doch keiner was davon hören"- Günter Grass' *Im Krebsgang* und das Feuilleton im Kontext aktueller Erinnerungsdebatten." In: Erll, Astrid; Nünning, Ansgar (Hgg.): *Medien des kollektiven Gedächtnisses. Konstruktivität - Historizität - Kulturspezifität,* De Gruyter Verlag, Berlin 2004, S. 179-195.

Reichel, Peter: *Vergangenheitsbewältigung in Deutschland. Die politisch-justitielle Auseinandersetzung mit der NS-Diktatur nach 1945,* Lizenzausgabe für die Bundeszentrale für politische Bildung, Bonn 2003.

Rensmann, Lars: „Enhauptung der Medusa. Zur diskurshistorischen Rekonstruktion der Walser-Debatte im Licht politischer Psychologie", in: Brumlik, Micha; Funke, Hajo; Rensmann, Lars (Hgg.): *Umkämpftes Vergessen. Walser-Debatte, Holocaust-Mahnmal und neuere deutsche Geschichtspolitik,* Verlag Das Arabische Buch, Berlin 1999.

Reulecke, Jürgen: „‚1968' als Generationenkonflikt? Eröffnungsbeitrag zur Tagung ‚Geschichte-Erinnerung-Ästhetik' aus Anlass des 65. Geburtstags von Dietmar Rieger", in: Dickhaut, Kirsten; Wodianka, Stephanie (Hgg.): *Geschichte - Erinnerung - Ästhetik,* Narr Francke Attempto Verlag, Tübingen 2010, S. 3-17.

Ricoeur, Paul: *Das Rätsel der Vergangenhei: Erinnern - Vergessen - Verzeihen,* übers. von Andris Breitling und Henrik Richard Lesaar, Wallstein Verlag, Göttingen 2004.

Rosenfeld, Alvin H.: *A double dying. Reflections on Holocaust Literature,* Indiana University Press, London 1980.

Rothschild, Thomas: „Unschuldig schuldig? Bernhard Schlinks Hanna Schmitz und Ödön von Horváths Sladek", in: Hermes, Stefan; Muhic, Amir (Hgg.): *Täter als Opfer? Deutschsprachige Literatur zu Krieg und Vertreibung im 20. Jahrhundert,* Verlag Dr. Kovac, Hamburg 2007, S. 115-129.

Schlink, Bernhard: „Die erschöpfte Generation", in: *Der Spiegel,* 30.12.2002, Ausgabe 1/2003, <http://www.spiegel.de/spiegel/print/d-26024566.html> (Stand 31.05.2011)

Schödel, Kathrin: „Jenseits der *political correctness* - NS-Vergangenheit in Bernhard Schlink, *Der Vorleser* und Martin Walser, *Ein springender Brunnen.*" in: Parkes, Stuart, Wefelmeyer, Fritz (Hgg.): German Monitor, *Seelenarbeit an Deutschland. Martin Walser in Perspective,* Rodopi Verlag, Amsterdam/New York 2004. S. 307-322.

Schödel, Kathrin: *Literarisches versus politisches Gedächtnis? Martin Walsers Friedenspreisrede und sein Roman Ein springender Brunnen,* Königshausen & Neumann Verlag, Würzburg 2010.

Schirrmacher, Frank (Hrsg.): *Die Walser-Bubis-Debatte. Eine Dokumentation,* Suhrkamp Verlag, Frankfurt am Main 1999.

Schmidtkunz, Renata: *Im Gespräch. Ruth Klüger,* Mandelbaum Verlag, Wien 2008.

Schruff, Helene: *Wechselwirkungen. Deutsch-Jüdische Identität in erzählender Prosa der ,Zweiten Generation',* Georg Olms Verlag, Hildesheim/Zürich/New York 2000.

Stolz, Dieter: *Günter Grass - Der Schriftsteller. Eine Einführung,* Steidl Verlag, Göttingen 2005, S. 172.

Steiner, George: „The Hollow Miracle", in: ders., *Language and Silence: Essays on Language, Literature and the Inhuman,* Yale UP, New Haven 1998, S. 95-109.

Stephan, Inge: „Nachgetragene Ernnerungen. Die Wiederkehr des Nationalsozialismus in Familientexten der Gegenwart - Uwe Timm *Am Beispiel meines Bruders* (2003) und Ulla Hahn *Unscharfe Bilder* (2003)", in: Stephan, Inge; Tacke Alexandra (Hgg.): *NachBilder des Holocaust,* Böhlau Verlag, Köln/Weimar/Wien 2007, S. 18-38.

Stolz, Dieter: *Günter Grass - Der Schriftsteller. Eine Einführung,* Steidl Verlag, Göttingen 2005.

Thamer, Hans-Ulrich: „Der Holocaust in der deutschen Erinnerungskultur vor und nach 1989", in: Birkmeyer, Jens; Blasberg, Cornelia (Hgg.): *Erinnern des Holocaust? Eine neue Generation sucht Antworten,* Aisthesis Verlag, Bielefeld 2006, S. 81-95.

Weinberg, Manfred: *Das 'unendliche Thema'. Erinnerung und Gedächtnis in der Literatur/Theorie,* Narr Francke Attempto Verlag, Tübingen 2006.

Welzer, Harald; Montau, Robert; Plaß, Christine: *„Was für böse Menschen wir sind!" Der Nationalsozialismus im Gespräch zwischen den Generationen,* Edition Diskord, Tübingen 1997.

Widmann, Andreas Martin: *Kontrafaktische Geschichtsdarstellung. Untersuchungen an Romanen von Günter Grass, Thomas Pynchon, Thomas Brussing, Michael Kleeberg, Philip Roth und Christoph Ransmayr,* Universitätsverlag Winter, Heidelberg 2009.

Wiegel, Gerd: *Die Zukunft der Vergangenheit. Konservativer Geschichtsdiskurs und kulturelle Hegemonie,* Papyrossa Verlag, Köln 2001.

Wiegel, Gerd: *Geistige Brandstiftung? Die Walser-Bubis-Debatte,* Papyrossa Verlag, Köln 1993.

Wiesel, Elie: „Ohne Schande. Offener Brief an Martin Walser", in: Schirrmacher, Frank (Hrsg.): *Die Walser-Bubis-Debatte,* S.397-399, Suhrkamp Verlag, Frankfurt am Main 1997.

Will, Wilfried (van der): „Die Unausweichlichkeit der Provokation. Kultur-und literaturtheoretische Anmerkungen zu Martin Walsers *Ein springender Brunnen* und zu seiner Friedenspreisrede.", in: Parkes, Stuart, Wefelmeyer, Fritz (Hgg.): German Monitor, *Seelenarbeit an Deutschland. Martin Walser in Perspective,* Rodopi Verlag, Amsterdam/New York 2004, S. 281-305.

Williams, Rhys: „„Eine ganz normale Kindheit': Uwe Timms *Am Beispiel meines Bruders* (2003)", in: Cornils, Ingo; Finlay, Frank (Hgg.): *„(Un-)erfüllte Wirklichkeit".* *Neue Studien zu Uwe Timms Werk*, Königshausen & Neumann Verlag, Würzburg 2006.

Winkler, Willi: „Vorlesen, Duschen, Durcharbeiten, Schlechter Stil, unaufrichtige Bilder: England begreift nicht mehr, was es an Bernhard Schlinks Bestseller ‚Der Vorleser' fand", in: *Süddeutsche Zeitung* 30.2.2002.

Zimmermann, Harro: *Günter Grass unter den Deutschen. Chronik eines Verhältnisses,* Steidl Verlag, Göttingen 2006.

Autorenprofil

Anne Molitor, M.A., geboren 1985 in Luxemburg, schloss im Jahr 2011 ihr Studium der Germanistik und der Philosophie an der Albert-Ludwigs-Universität Freiburg i.Br. mit dem akademischen Grad der Magistra Artium erfolgreich ab. Im Verlauf des Studiums kristallisierte sich ein verstärktes Interesse am Thema Nachkriegsliteratur heraus. Die Begegnung mit deutschen Kommilitonen/innen führte der Autorin vor Augen, in welchem Maß die deutsche Vergangenheit noch 70 Jahre nach dem Zerfall des deutschen Reiches an der Enkelgeneration haftet und bewog sie dazu sich intensiver mit den Fragen des zeitgenössischen Erinnerungsdiskurses zu beschäftigen.